Public Governance Performance Evaluation of China High-tech Industrial Development Zone

中国高新区
公共治理绩效评价

闫国庆　孙　琪　周志丹
刘春香　张海波　俞佳根　著

前　言

作为经济快速发展、政策特殊优待的地区，国家级高新技术产业开发区（以下简称高新区）有着雄厚的经济基础，又由于其地域范围较小，是理想的改革先行区，是体制和机制创新的试验地。高新区现已成为吸引外资最集中、经济增长最快、市场最具活力、投资环境最完备、运行体制最新、经济效益最好的区域之一；形成了具有较好的综合投资环境、较好的体制优势和发展潜力大、资金密集产业占主导地位的优势；在发挥窗口、辐射、示范和带动作用等方面取得了明显成效，成为区域经济发展的“新的增长点”。统计数据显示，2009 年我国 56 个高新区企业总收入达到 78706.9 亿元，工业总产值达到 61151.4 亿元，净利润达到 4465.4 亿元，出口创汇达到 2007.2 亿美元，显示出巨大的规模效应。高新区作为我国经济提升档次的一种重要模式，在创新型国家建设中发挥着先行示范和“尖兵”的作用。同时，落实科学发展观和创新型国家建设战略的实施，也给高新区未来发展赋予了新的历史使命。

高新区之所以成为中国经济发展的“发动机”，主要体现在其制度创新的“示范效应”和“扩散效应”上。可以说，高新区的“今天”就是其他地区的“明天”。高新区经济的增长，推动了区域产业结构的调整；高新区体制的创新，为地方政府机构改革提供了借鉴；高新区的社区重建，则加快了地方民主治理的进程。

高新区设立后，“高新区现象”引起了政府管理部门和专家学者们的研究兴趣，并涌现了一些高水准的研究成果，其中既有综合性研究，也有专题性研究；既有对策性研究，也有理论性探讨。研究内容主要着重于高新区的类型、区位选择、产业方向、技术创新、可持续发展以及土地资源配置等方面，而从政治学视角，对高新区的社会关系网络、城市经营及其社区治理与社会控制等方面的研究却鲜有所闻。从某种意义上讲，高新区的社会关系网络、城市经营及其公共治理与社会控制问题是政治学、社会学、行政学以及公共管理学研究的一块亟待深化的研究领域。

20 世纪 90 年代，一些地方政府追求政绩的冲动强烈，不顾经济发展的客观规律和区域现实条件，在“筑巢引凤”的口号下，辖域内高新区遍地开花，过多过滥。为了吸引外资，相互之间竞相压价，在地价、厂房租售价格、税收等方面推出的一系列地方性优惠政策，其中很多都突破了国家土地、税收法规及中央政府的相关政策。因此，高新区 2003 年 7 月遭遇全国范围内的清理整顿。清理整顿工作告一段落后，有些地区由于经济发展与土地利用、环境保护、城市总体规划没有很好地衔接，辖域内高新区的开发与建设又出现了新情况和新问题。主要表现在高新区规划不合理造成与周边区域的矛盾日益增加。我国各类高新区在用地上大多走的是数量扩张的外延发展道路，土地利用缺乏总体规划，造成盲目扩大高新区的数量和规模。由于高新区建设规划不够科学，数量众多，面积过大，资金投入不足；区位不理想，招商引资困难；投资商只炒地皮，不投资开发；投资商开发资金不足或撤资而导致许多高新区建设停滞。一方面，造成大量土地尤其是耕地占用后没有投入，处于闲置撂荒状态；另一方面，政府对土地低价征用，没有给土地所有者充分的补偿，大批失地农民生活陷入困境，上访事件频发。这些行为严重损害了土地管理法律法规的尊严，危害国家土地管理秩序，严重损害了农民的利益，阻碍了农村经济的发展，影响了社会的稳定，也导致国有土地资产的流失。同时，这种“粗放式”的外延发展，使得高新区的集约度偏低。许多高新区第一次创业阶段以地引资、以地养区的粗放发展制约了高新区内生发展水平。这种粗放性表现在：单位土地产出率低、高新技术产品附加值低、高新区企业的利润率低且出现下降趋势、高新区合理规划土地发展面积与集约利用土地资源的矛盾突出。

目前，我国高新区已进入“二次创业”阶段，如何打破高新区对“一次创业”的路径依赖，是高新区公共治理必须面对的问题。我国现有高新区公共治理理论的滞后，使高新区公共治理缺乏科学的理论指导，同时，西方的公共治理理论建立在较成熟的市场经济基础上，而我国目前又处于转型期，我国高新区公共治理还是以强势政府为主导的，西方公共治理理论在指导我国现阶段高新区实践上存在许多欠缺，也无法准确解释和回答我国高新区发展中出现的一系列新现象、新问题。

本书在对高新区及其公共治理发展的内在规律和我国高新区公共治理现状理解和判断的基础上，根据高新区“四位一体”的定位，运用多元统计分析中的“相关分析”解决指标筛选，运用语意变量解决指标的主观性等问题，构建衡量高新区公共治理绩效的评价指标体系；依据此指标体系，通过实地调研等方法对我国高新区公共治理绩效进行实证研究；借助评价结果的反馈和导航机制，揭示我国高新区公共治理绩效与治理模式的相关性及内在机理，指出影响高新区公共治理绩效的主要因素；利用实证研究和理论推演的结果，提出提升我国高新区公共治理绩效的对策建议，为我国高新区治理模式改革战略与政策的制定和实施提供理论支撑和决策依据，推动我国高新区公共治理绩效的提升。

对于高新区治理绩效的研究意义深远。第一，当前高新区内“高效、精干”的机构设置为我国的机构改革提供参考。我国多次的机构改革一再陷于“精简—膨胀—再精简—再膨胀”的恶性循环中，庞杂的机构设置不仅增加了整个社会的运转成本，也降低了市场的运转效率。高新区的机构设置符合现代政府的职能要求，脱离了传统的层级制模式，塑造了“高效、精干”的政府。

第二，高新区治理绩效的评价结果能够为政府的职能转变提供导向，即从“全能”政府走向“有限”政府，从“统治”政府走向“善治”政府，从“管制”政府走向“服务”政府。在政府职能方面，强化政府的宏观调控职能，分离政府和企业的行政隶属关系，建立起适应社会主义市场经济原则与国际通行惯例的运行机制，规范各种市场行为，使企业按照现代企业制度健康运行，增强自我发展能力和竞争能力；在政府角色定位方面，政府不是管制者而是服务者，政府的服务内容需要从传统的管理向社会保障、环境保护、社会福利、信息服务等公共服务拓展。这些转变必须以稳定的政府治理模式作为制度保障。高新区管委会的职能转变对于提高政府的治理水平和能力，建立“公平和效率兼顾”的政府服务体系有着相当的启示作用。

第三，高新区治理绩效的评价结果可为政府的职能让渡提供有益借鉴。高新区管委会的部分社会职能由中介机构等非政府组织来承担，培育了公民、企业自觉参与公共事务的积极性，为形成公民参与的民主氛围创造了有利的条件，也为政府的部分社会职能让渡提供了参考。在社会公共事务范围逐渐扩大的情况下，政府已经无力维持对所有公共领域的管理，无论从“成本—收益”的角度分析还是从效能优化的角度来看，政府没有能力也不可能包揽全部的社会公共事务管理工作，一些社会管理职能让渡给社会中介组织反而能够达到效率最优。这些中介组织泛指非营利性的公共部门，包括一些行业协会、资产评估机构、律师事务所、公民自发组建的社团等。政府的社会职能向中介组织的让渡过程，一方面能够提高政府的治理能力，维护政府的权威；另一方面能够推动公民社会的发展，形成国家与社会的良性互动关系。

本书是本人主持的国家自然基金课题“基于绩效评价的我国高新技术产业开发区公共治理研究”的主要研究成果，也是对我近年来在开发区治理研究成果的一次系统梳理。本书由七章组成：第一章为绪论部分，第二章是高新区公共治理绩效评价理论基础，第三章构建了高新区公共治理绩效评价指标体系，第四章利用建立的评价指标体系对我国高新区公共治理绩效进行了实证分析，第五章是我国高新区公共治理模式的选择，第六章是提高我国高新区公共治理绩效的对策研究，第七章为典型案例研究。

概况有关专家的评价，本书的创新点主要表现在：

一是综合运用数理建模技术和面向对象技术，构建了适应科学发展观及和谐发展观要求的高新技术开发区公共治理绩效评价体系和基于“绩效导向”的高新区公共治理模型。

二是建立了我国高新区公共治理绩效诊断模型，通过高新区公共治理绩效与治理模式相关性及内在机理的分析与揭示，为高新区公共治理改革提供了直接的借鉴和依据。

非常感谢团队成员的精诚团结，正是大家的相互信任、互相扶持才得以顺利完成本课题并促使本书出版。同时还要感谢科技部调研室刘琦岩博士、中国社科院财贸所荆林波研究员、中国高新区协会王树海副秘书长和中国科学院高新区研究中心刘会武副研究员等的指导，他们对本书提出了许多宝贵而独到的建议。

由于国家高新区涉及面广、发展迅速，也由于作者水平、时间与精力所限，书中某些内容难免存在不足，敬请读者批评指正。

作　者

2011 年 10 月于浙江宁波

目　录

第一章　绪　论 ………………………………………………………… (1)

1.1　研究意义 ………………………………………………………… (1)

1.2　国内外研究现状述评 ……………………………………………… (3)

1.3　项目的研究内容和研究目标 ……………………………………… (12)

第二章　高新区公共治理绩效评价理论基础 ………………………… (16)

2.1　相关概念界定 ……………………………………………………… (16)

2.2　高新区公共治理的主要模式 ……………………………………… (25)

2.3　高新区公共治理的主要特点 ……………………………………… (33)

2.4　国内外高新区公共治理的演变与发展趋势 ……………………… (35)

第三章　高新区公共治理绩效评价指标体系构建 …………………… (39)

3.1　高新区公共治理绩效评价意义与作用 …………………………… (39)

3.2　高新区公共治理绩效评价的基本思路 …………………………… (40)

3.3　高新区公共治理绩效评价体系的构建 …………………………… (43)

3.4　高新区公共治理绩效评价的分析 ………………………………… (55)

第四章　我国高新区公共治理绩效评价的实证分析 ………………… (57)

4.1　高新区公共治理绩效评价的综合模糊评价方法 ………………… (57)

4.2　高新区公共治理绩效评价的实证分析 …………………………… (61)

4.3　高新区公共治理绩效评价结果的分析 …………………………… (102)

第五章　我国高新区公共治理存在问题及治理模式选择 …………… (114)

5.1　我国高新区公共治理存在问题及原因 …………………………… (114)

5.2　我国高新区公共治理模式的现实选择 …………………………… (124)

第六章 我国高新区公共治理的对策 …………………………… (132)
6.1 改革高新区管委会职能,健全内部管理模式 …………… (132)
6.2 转变政府职能,加强政府对管委会的监督与控制 ……… (135)
6.3 创新高新区的管理体制,构建制度化的服务型管理体制 …………………………………………………………… (137)
6.4 加强立法工作,确立高新区的法律地位 ………………… (141)
6.5 融入市场化因素与社会力量,优化高新区公共治理结构 …………………………………………………………… (143)
6.6 加强人才队伍建设,培育社会中介组织 ………………… (146)
6.7 培育公共治理理念,完善制度体系 ……………………… (147)
6.8 积极探索高新区的企业化公共治理模式 ………………… (150)
第七章 典型案例——宁波国家高新区 ………………………… (152)
7.1 宁波国家高新区的发展历程 ……………………………… (152)
7.2 宁波国家高新区公共治理现状 …………………………… (153)
7.3 宁波国家高新区公共治理存在问题分析 ………………… (157)
7.4 完善宁波国家高新区公共治理的对策建议 ……………… (159)
7.5 小 结 ……………………………………………………… (165)
结 语 ………………………………………………………………… (166)
附件 1 ………………………………………………………………… (169)
附件 2 ………………………………………………………………… (182)
附件 3 ………………………………………………………………… (185)
主要参考文献 ……………………………………………………… (188)

第一章　绪　论

1.1　研究意义

2009年我国56个高新区企业总收入达到78706.9亿元，工业总产值达到61151.4亿元，净利润达到4465.4亿元，出口创汇达到2007.2亿美元，显示出巨大的规模效应。高新区作为我国经济提升档次的一种重要模式，在创新型国家建设中发挥着先行示范和“尖兵”的作用。但高新区目前的治理模式所带来的公共治理矛盾愈来愈突出，而现有高新区公共治理理论的滞后，使高新区公共治理缺乏科学的理论指导。本课题的主要研究意义：

一是适应新形势的内在要求。高新区在“一次创业”阶段主要以招商引资、扩张经济总量为主，很多方面是承担了经济技术开发区的职能，而高新区本身所肩负的发展高新技术产业、提升区域自主创新能力的职能，并未得到充分有效的发挥。2005年，温家宝总理对国家高新区提出了“四位一体”的定位要求，即国家高新区要努力成为促进技术进步和增强自主创新能力的重要载体；成为带动区域经济结构调整和经济增长方式转变的强大引擎；成为高新技术走出去参与国际竞争的服务平台；成为抢占世界高新技术产业制高点的前沿阵地。高新区亟待进行“二次创业”。同时，2020年我国建成创新型国家及新一轮以数字化装备和服务外包为主要内容的国际产业转移等一系列新形势，给我国高新区发展提出了重大的历史使命，也为高新区的发展提供了前所未有的机遇。新形势、新定位、新功能、新要求为我国高新区发展，特别是在公共治理方面进行相应的改革创新，提出了一系列新的课题，需要我们及时去研究和解决。

二是落实科学发展观和绩效观的内在要求。我国长期以来所采用的高新区综合评价指标基本上是同一化的单一经济指标，引进投资额、产值和利税往往成为考核开发区业绩的决定性因素。仅仅以经济指标作为单一的评价标准，无法得出一个相对合理的评价结果，在实践中不具备评估者想象的可操作性。就高新区自身特色而言，由于所处的地理位置、原有的经济和社会发展水平、基础建设状况不同，享有的各级政府的扶持程度不同，必然带来其对投资吸引力的不同。因此，吸引投资额往往体现的是一个地区的先天优势，并不能体现高新区自身治理水平的高低。在对高新区公共治理的绩效评价方面，目前的评价体系同样也忽略了不同高新区的特色，没能提供一个相对科学完整、具有可比性的指标体系。高新区公共治理绩效评价是解决落实科学发展观、树立正确绩效观中迫切需要解决的问题。

三是构建和谐区域的内在要求。高新区带动了我国经济的高速增长，增强了地区乃至国家的竞争力。但我国高新区发展第一阶段较粗放的经济增长方式，导致资源和环境压力加剧、产业结构失衡、社会事业矛盾尖锐，区域协调发展状况渐趋严峻。这些矛盾和问题的出现为高新区公共治理提出了很高的要求。

四是公共治理理论创新与发展的内在要求。西方的公共治理理论建立在较成熟的市场经济基础之上，而我国目前处于转型期，我国高新区公共治理还是以强势政府为主导的，企业对政府依赖很大，西方公共治理理论已不完全适用于指导我国高新区的实践，也无法准确解释和回答我国高新区发展中出现的一系列新现象、新问题。因此，高新区公共治理研究是公共治理理论在我国创新和发展的内在要求。

五是为我国高新区公共治理模式提供改革创新总体思路和对策的内在要求。本课题通过构建高新区公共治理绩效的诊断模型，并以此为基础分析公共治理模式与治理绩效之间的相关性，找出高新区公共治理模式和治理绩效之间的深层联系和影响公共治理绩效的关键因素，甄别不同高新区公共治理模式的适用条件，为高新区公共治理模式的改革创新提供依据。

1.2 国内外研究现状述评

从目前研究成果来看，专门针对高新区的公共治理绩效评价的系统研究很缺乏，但在公共治理研究、开发区公共治理研究和开发区公共治理绩效研究方面则有一系列的研究成果，这些成果可为本课题的研究提供重要借鉴。

1.2.1 公共治理研究

治理理论的主要创始人之一詹姆斯·N.罗西瑙将治理定义为一系列活动领域里的管理机制，它们虽未得到正式授权，却能有效发挥作用。鲍勃·杰索普(2000)认为，狭义的治理就是自组织的协调方式，广义的治理"可以指诸多方式中任何一种独立活动的协调方式"。

美国学者奥斯本(1992)认为，新治理典范的兴起是要面对韦伯官僚制政府的失灵，进而代之以"企业化政府"，所以他致力于改变传统的官僚主义体制，提出了企业化政府治理模式的十种类型。英国学者菲列耶(1996)提出了效率驱动模式、小型化分权模式、追求效率模式和公共服务取向模式。彼德斯(1996)则详细预测了政府未来的四种治理模式：市场模式(企业家政府模式)、参与模式、灵活政府模式和非管制政府模式。罗伯特·罗茨(2000)归纳了治理的六种不同的用法，即作为最小国家、作为公司治理、作为新公共管理、作为善治、作为社会控制系统、作为自组织网络。

治理理论的进展为公共治理问题的研究奠定了基础。近30年，全球公共管理领域发生了两场大的革命性运动：一是20世纪80年代初发端于英国，随后波及美国以及许多发达国家的一场以提高效率、效益和节约以及注重管理结果导向的新公共管理运动，对传统官僚制(或科层制)的"唯一和最佳方式"提出了挑战，藉此推动了公共管理的实质性变革，市场理念、市场机制和市场手段被广泛运用于公共管理过程。二是受后现代思潮、民主化进程的影响以及因第三部门崛起，而在全球范围内广泛兴起的注重多元主体互动、参与和合作的治理运动，对传统官僚制的直线管理、命令—服从等方式提出了挑战，一个多方参与、协调合作的新型公共服务体系在全球和国家两个层面逐步搭建起来，催生了一种新的公共治理模式。

因此，公共治理本质上是关于公共产品和公共服务是由政府还是企业来提供的问题。巴扎雷（1992）认为，“公共管理由自上而下的控制转向争取成员的认同和争取对组织使命和工作绩效的认同”。赫克谢尔（1994）认为，政府改革打破了单向的等级指挥关系，建立了互动交流和导向管理，并开始向“后官僚组织”变迁。而最早提出新公共管理概念之一的胡德（1998）将新公共管理的内涵与特征归纳为向职业化转变、明确的绩效标准与衡量指标、更加重视产出控制等七个方面。欧文·休斯（2001）认为，公共管理具有战略管理、内部管理与外部管理三个主要职能，并由此进行了理论范式的整合。Lynn，Heinrich 和 Hill（2001），Ingraham 和 Lynn（2004）认为，公共治理是“为限制、建议与保证商品、服务条款获得公共支持的各种法律制度、规则、司法决定和行政措施”。Saves（1997，2002）认为，公共治理中，“政府对各类公共物品和服务有规划、支付及生产的责任。在此基础上，民营化则指减少政府干预，同时增加私有机构的功能，以满足公众的需求”；“政府的自信甚至自负导致了公共物品垄断性的直接生产模式，而公共服务民营化有助于缩小政府规模，降低政府成本，改善公共服务的竞争性和效率”。

此外，许多国外学者对环境领域内的公共治理问题进行了研究。依照公共事务治理新模式有关市场化运作、主体多元化、治理网络化和层级化以及注重沟通与协调等特点，Jordan A，Wurzel R，A. Zito（2003）将环境治理的新工具分为三大类，即基于市场的工具（如生态税和可交易的污染配额）、自愿性协议以及基于信息的手段（如生态标志、环境管理系统等）。在OECD（Organization for Economic Co-operation and Development）国家，基于市场的工具最早可追溯至 20 世纪 70 年代。现在，这些工具得到越来越普遍的运用，并且已涵盖自补贴到排放收费和可交易配额等诸多方面。欧洲委员会认为，协议是产业界和公共权力机构在环境目标实现过程中的一种谈判。Brkey 和 Lévèque（1998）对自愿协议进行了更专业的分类，协议包括：单边承诺、公共志愿计划和已商定协议。单边承诺包括单个企业或者产业协会的环境改善计划，并且这些计划是与相关的利益参与者交流后的结果。近年来，许多企业社会责任类的治理方式就属于这一类。虽然环境治理的新工具在不断创新出来并得到运用，但传统命令与控制的规制型工具仍然是政府最喜爱和惯用的手段。从环境治理新工具在欧盟及其成员国的应用实践来看,还没有出现一种明显的由规制型工具向治理新工具转变的趋势,没有出现一种明显的放松规制的迹象。这是因为规制型工具仍然担负着环境治理的主导任务,而不容易被其他手段所轻易替代。

当然,公共治理模式并非是对原有官僚体制的完全摈弃,而是对原有体制的完善与更新,赋予原有体制新的色彩。正如 Thompson(2003)所指出的,科层、市场和网络是目前公共管理过程中的三种协调机制和治理机制。Eberlein 和 Kerwer(2004)认为,新模式与旧模式之间的关系有四种表现形式:可能互相融合;可能相互竞争与冲突;或者一种模式完全主导另外一种;或者完全取代另外一种。Jordan 等(2003)把这四种作用的方式分别称之为:共存(co-existence)、融合(fusion)、竞争(competition)和替代(re-placement)。

国内对公共治理的研究勃兴于 20 世纪 90 年代。许多学者对公共治理内涵作了卓有成效的探讨。李兆熙(1998)认为,在市场经济中,政府部门用法律、经济和行政相结合的手段,通过对市场活动的干预间接引导企业行为称为公共行政管理。通过对美国公共行政 50 年历史演变的考察,马骏和郭巍青(2001)认为,公共管理的出现实际上是在政策学派内复活了公共行政的研究。治理被认为是实现公共服务效益、效率、公平的基本工具,超越了公与私的二元结构。俞可平(2003)认为,治理是一种公共管理活动和公共管理过程,它包括必要的公共权威、管理规则、治理机制和治理方式。钱海梅(2006)认为,公共治理是一种过程、一种模式,因此公共治理要重点关注制度层面、操作层面、能力层面和理念层面的问题。

更多学者对公共治理理论的某个方面进行了研究。汪向阳、胡春阳(2000)认为,当代公共管理理论的新热点包括:对社会管理力量多元化格局的关注;对社会组织群体势力的重视和关切;对政府的角色给予重新定位;对治理的网络管理体系做出重要阐释。王缉慈(2002)认为,很多国家的地方政府都把公共政策重点转向了促进地方产业集群的培育、发展和升级,其核心是通过区域治理,使增强本地生产系统的内力和利用国际资源相结合。周志忍(2002)认为,传统政府治理中的一个误区是忽视服务提供和服务生产之间的区别,进而错误地认为政府放弃了服务生产者的功能。李瑞昌(2003)专门探讨了公共治理的技术与价值的矛盾,即现代公共治理采用合同和竞标投标方式由私人企业提供公共物品，但私人企业不具有公益精神和公共目的。唐贤兴、王竞晗(2004)认为，社会转型的一个客观现象是不断以政策替代重塑公共管理，因此在多元并存的公共政策价值中寻求平衡点的努力及其难度，决定了重塑中的政府公共管理必然是一种复合型的模式，政府职能转变中出现很多悖论便是自然的现象。王春福(2005)研究了公共管理责任的二元结构，即“制度性责任和伦理性责任的统一”。王乐夫(2005)认为，“公共利益是公共管理追求的终极目标，公共利益最大化是政府与公众追求的首要目标。公共权力是公共管理最基础性的手段，并且体现了公共管理区别于其他管理活动的本质特征”。

一些学者应用公共治理理论研究了村庄治理、乡村治理、环境治理与合和公共管理等，拓展了公共治理的研究视角和领域。陈潭、刘祖华(2004)认为，村庄公共治理其实处于一种“亚瘫痪”状态。黄爱军(2005)认为，应该借鉴和运用新公共管理思想来开展我国的乡村治理，重点是要大幅削减政府管辖的事务。任志宏、赵细康(2006)从公共管理方式变革和治理的角度讨论了环境治理方式，认为公共事务治理新模式的诞生为政府实现其职能提供了新的机会和选择，为政府开拓治理新途径和创新治理手段提供了现实基础。黄如金(2006)研究了和合公共管理，认为政府生产力是公共管理水平的集中体现，而和合公共管理能提高政府生产力，有助于和谐社会的尽快实现。

1.2.2 开发区公共治理研究

对开发区公共治理研究的文献并不多见。相关文献多是从管理体制或管理模式的角度来讨论的，代表性的主要有：郑宁(1991)提出了开发区政府管理体制改革的四点原则：管理体系设立应遵循适用、高效的原则；组织机构的设施应遵循精简、高效、适用的原则；管理机构的职能应“宏观管得住，微观放得活”；管理行为应实现按国际惯例办事。李志远(1998)指出，在有条件的高新区可以推行法定机构的管理方式，从根本上解决高新区管理机构的法律地位问题。吴林海(1998)指出，各国高科技工业园区采取的管理体制至少要符合两个要求：要保证高科技工业园区的研究、开发、生产、经营服务等各项活动具有高效率；要保证高科技工业园区能够建立具有竞争力的良性循环的运行机制。任敬喜(2000)着重研究了开发区行政管理体制中的三个根本性问题,即政府规模、政府角色和政府行为。钟坚(2001,2006)把世界科学园区与经济特区的管理体制分为一元管理体制和多元管理体制,并指出:不同管理模式适用不同的发展阶段;政府的作用在一定程度上是不可或缺的;要充分发挥民间和市场的作用。鲍克(2002)提出了开发区超自主体制理论,认为管制性服务创新是开发区管制职能存在的基础,它的出现是由园区被管制对象的需求压力、上级政府的压力和创新主体的企业家精神力量三个方向上力量作用的结果。赵玉蓉(2004)发现当前经济开发区呈现出一种以市场需求为导向的服务型政府治理模式的新趋向。经济开发区政府治理模式创新应当集中在公共物品供给模式、公共决策模式与政府机构自身的治理模式三个方面。闫国庆(2006)认为,我国开发区大多数已渡过创建初期求生存的原始阶段,亟须创新治理模式。在开发区演进过程中政府要适时发挥关键作用,并建立适应开发区体制创新的运行机制,构建开发区公共治理的保障体系。

开发区公共治理研究的其他视角。杨燕青(1998)认为,在开发区由企业经营后,市场缺陷会导致公共物品服务供给不足,也会产生污染等外部不经济情况,因此政府必须要采取适当的经济法律调控措施。阎林、郑玉歆(1998)认为,中国的开发区远远落在美国后面,而且和东亚国家也有不小的差距。因此他们建议保持开发区优惠政策的长期稳定,开发区的优惠政策差距应当逐步缩小并趋于一致。张召堂(2003)深入地论述了开发区如何使经济发展与人口、资源、环境相适应,并提出了中国开发区可持续发展的宏观机制、中观机理和微观基础,进一步指明了中国开发区可持续发展的新方向是建设"数字开发区"。皮黔生、王恺(2004)认为,开发区存在地理孤岛、功能孤岛、政策孤岛、心理孤岛和经济孤岛状态,指出开发区维持孤岛或留恋孤岛是沉湎于过去历史的表现,应当勇敢地走出孤岛,放弃"刻舟求剑"式的固执。

1.2.3 开发区公共治理绩效评价研究

西方学者对治理绩效评价的研究,是伴随绩效评价和公共事业市场化改革实践而兴起的,主要针对具体问题和现实案例,集中在公共事业管理和服务绩效的测量及市场化、社会化治理等方面。作为西方行政改革的先驱,英国是新公共管理运动的发祥地之一,也是最早提出绩效评估理念的国家。比照美国，英国的政府绩效评估更广泛、更成熟、更具有延续性。在美国和英国的影响下，世界诸国纷纷表现出对绩效评估的浓厚兴趣。新西兰、澳大利亚、荷兰、丹麦、芬兰、挪威、加拿大等国家在各自的政府改革行动中，都开始实施绩效管理和绩效评估，最终导致“评估国家”现象的出现，使世界各国政府管理模式发展呈现出向“绩效评估政府”迈进的趋势。1943年，美国学者 Ridley 和 Simon 对公共事业管理绩效的测量进行了研究。1985年，哈佛大学肯尼迪学院启动“美国政府创新项目”，以推动识别和培育创新性和绩效政府的工作。Paul(2003)采取实证的方法对孟加拉国政府和非政府组织在救助1998年洪灾受害者所表现出来的绩效进行对比，研究竞争对政府绩效的影响。Cavalluzzo(2003)也认为竞争是提高政府绩效的有力工具。

随着绩效评估的进行，许多学者看到了单纯效率评估的不足。英格拉姆指出，效率不是公共组织所追求的唯一目标，公共组织“正是通过不把效率置于至高无上的地位来立足于社会的”。行政学家邓哈特指出，“以效率为导向的工具理性只会引导人们关注达成既定目标的手段，而忽视对目的本身的关切。也就是在工具理性下的种种行动，将使行政工作越来越远离社会价值的体现，只是斤斤计较地减少行政成本，从而沦为公务产生过程中的工具，以致完全丧失作为行政体系行动本身的道德系统”。的确，从本身不太完善的私人部门绩效评估理论中嫁接而来的公共部门绩效评估理论面目稚嫩，与公共部门绩效评估实践对其所提出的要求仍遥遥有距，诚如有学者所指出的“尽管人们对完善绩效评估越来越重视，但从目前的结果来看，绩效测量仍处在襁褓时期”。

总的说来，由于这些研究大多从解决政府面临的严重财政危机和公众信任危机出发，主要是评价政府公共服务绩效水平和改革公共事业管理体系，因此没有构建出一个基于绩效评价的公共治理改革的逻辑思路。

据我们所作的查新报告显示，国内对高新区公共治理绩效评价的研究尚属空白(查新报告请见附录)，相关文献多集中在开发区的经济效益评价或综合评价，也有学者研究了开发区企业绩效评价。主要观点如下。

1. 对开发区的总体绩效评价的研究

李梦玲、赵希男(1995)从高新区的五大功能出发，建立了高新区的工作指标体系；采用专家咨询结合层次分析法确定了各层指标的权重系数。利用现有的统计体系对22个国家级高新技术开发区进行了逐层逐项地评价和排序。评价结果比较客观地反映了开发区的实际状况和发展动态，对协调我国高新区的进一步发展有实际意义。

张向先、白凯、葛宝山(1997)提出高新技术产业开发区的基本功能是集聚功能、孵化功能、扩散功能、渗透功能、示范功能和波及功能。在研究了高新技术产业开发区这些基本功能的基础上，确定了高新技术产业开发区的评价指标体系，并对长春高新技术开发区进行了评价。

张伟、顾朝林、陈田、邱友良(1998)综述了国内外关于高新技术园区评价的指标体系与方法，通过建立的中国高新技术园区评价指标体系，应用因子分析方法对52个国家级高新技术开发区自1989年到1994年(历年)进行了发展现状与增长评价，同时采用定性与定量相结合的方法分别对30个省、市、区科技发展综合实力和52个高新区发展条件进行了评价。通过分析认为，北京、上海、沈阳等7个高新区应是今后中国高新技术产业开发区发展扶持的重点区；天津、吉林、西安、郑州可视国家经济实力给予适当支持；建议将包头、珠海、保定等15个国家级高新区降为省级高新技术区开发区，他们的研究引起了较大的反响。

齐艺宝、张少杰(1999)通过对东北三省7个高新区综合经济效益进行比较后发现，东北三省高新区的发展极不平衡，呈现出沿边、沿海地区先进，内陆地区落后的局面，与东部沿海地区相北，其经济效益方面存在很大差距。

齐艺莹、张少杰、米海巍(1999)以1992—1996年高新区统计数据为依据，运用主成分分析法及序时多属性决策法，对沿海与内陆高新区的经济效益进行了比较研究。

黄宁燕、梁战平(1999)提出了一种新的高新区评价方法——聚类分析法，并采用最新统计数据，将该方法实际应用于评价研究我国高新区的发展状况及趋势。

李金华(2000)按照高新技术的特性设计，将高新技术开发区发展评价系统的框架确定为：经济效益→创新能力→发展潜力。并确定了20个二级指标，采用计量分值法或功效系数法对指标进行了归并。

宋化民、胡实秋、李杨(2000)以系统论、信息论和控制论为指导，在剖析高新区的基本特征与功能的基础上，提出了分析和评价高新区发展现状的指标体系，建立了相应的分析和评价方法。通过对武汉、北京、深圳等高新区的分析与评价，验证了该分析、评价指标体系和方法具有良好的可操作性与适用性。

郑海龙、吴启芳、巢剑雄(2001)运用计量经济学方法对53个国家级高新区自1993年到1998年的各项统计指标进行了分析，确定了影响国家级高新区发展的两个关键因素，即人才和研发投入，并据此对长沙市国家高新区的发展进行了实例分析。

何伟军、朱春奎等(2002)运用主成分分析法对全国53个高新区的经济实力进行评价。其方法简便易行，对于各开发区认清自己的位置，明确自己的经济实力提供了一个科学的度量准则。

张仁寿、邵国良(2004)提出了考核评价工业园区绩效的方法，认为工业园区评价指标体系应由反映基础设施、经营管理效益、生产效率、发展能力四个方面的强度相对指标、平均指标和动态相对指标组成。最后，他们采用指数法对广州市云埔(白云)工业区绩效进行了实证分析。

葛澄清、熊伟(2005)运用纵横向拉开档次法，以1998—2002年高新区发展资料为背景，建立动态综合评价模型对我国53个高新区经济效益进行评价、排序，使各高新区更明确其发展地位，他们还对部分高新区在经济效益和经济实力上的不平衡提出了预警及对策。

李俊莉、殷亮(2005)从高新技术产业发展的特点出发，设计了高新区发展评价系统。通过对53个国家级高新区从经济效益、创新能力和发展潜力三方面及三方面综合角度的分析评价，归结出我国高新区发展水平的时空特点，并指出进一步缩小东西部地区高新区发展差距是当前高新区二次创业中亟待解决的问题。

诚然，以上研究是有益的，为后面的研究者提供了研究方法和研究思路上的借鉴。但需指出的是，其指标体系多由经济指标构成，而且多是就开发区的一种综合评价，缺少针对高新区公共治理的绩效评价。

2. 对开发区的企业绩效、创新绩效和技术绩效评价的研究

中国投资环境专家组(2002)研究了开发区开展企业绩效评价的必要性，认为开发区管委会必然要了解和掌握区内企业的绩效情况，以便对为开发区作出较大贡献的企业给予鼓励和支持，对绩效差的企业进行必要的

督促和鞭策,并采取有关措施,推动区内企业素质的提高,保持持续的竞争能力。而且,中国投资环境专家组第一个为开发区提供了全面的企业绩效评价体系,并且成果已经在开发区管理中得到运用。

石晓梅、胡珑瑛(2003)在综合介绍我国高新区现状的基础上,建立了创新绩效评价指标体系,用财力投入、人力资源、环境与设施反映创新能力,用科技成果、经济效益来反映创新成果。孙万松(2006)在介绍了世界科技园区的历史演进和中国高新区的发展现状后,在大量调研和借鉴前人研究成果的基础上,提出了基于自主创新的高新区核心竞争力“CIT 模型”和“CIT 定律”,并建立了基于“CIT 模型”的高新区自主创新绩效评价指标体系,对 53 个国家高新区进行了实证分析,指出了高新区未来发展的对策和政策建议。他们的研究为开发区绩效评价提供了新的视角,拓展了开发区绩效评价领域。

张倩肖、何静、李村璞(2005)认为,我国高新技术开发区经济的发展还存在一些问题,如园区特色产业不突出,技术创新水平有待进一步提高,经营环境和社会氛围有待进一步改善,管理体制滞后等。总结为一点,通俗地讲就是园区没有管好和用好自己的资源,也就是园区的技术效率还有待提高。他们界定了技术效率,认为技术效率就是对资源的管理、配置和使用的能力。然后,他们利用效率评价方法 SFA(随机前沿分析方法)对我国 12 个典型园区进行了技术效率测定,并对影响园区技术效率因素及其力度进行了分析。虽然其分析比较简短,但是提出了技术效率的概念,并对高新区的技术效率进行了评价,方法值得借鉴。

3. 对开发区绩效评价中存在的问题的研究

阎林、郑玉歆(1998)认为,对开发区效益的估价国际上曾存在着低估的倾向。他们认为在评价开发区的效益时既要看短期效益,也要看长期效益;既要看直接效益,也要看间接效益;既要看经济效益,也要看社会效益。出现低估倾向的主要原因在于重短期、直接效益,而轻长期、间接效益。

许婕(2006)认为,我国开发区绩效评估存在着评估指标的平面化、评估主体的单一化、评估环境的滞后化等问题,因此建议选择科学的评估指标,构建多元的、规模适度的、专业化的评估主体,营造良好的评估环境。

他们的分析比较中肯,也在很大程度上为本研究评价指标体系的构建与完善提供了有益的借鉴。

综上，基于绩效评价的高新区公共治理研究是一个全新的领域，目前公开发表的学术成果非常缺乏。一方面，在国内外既有研究中，高新区治理相关研究主要集中在管理模式探讨方面，尚未与绩效评价很好地结合；现有的高新区绩效评价多是经济效益评价，系统的高新区公共治理绩效评价资料非常缺乏，经查新显示对此问题的专门研究在国内尚属空白。另一方面，我国高新区在发展过程中的公共治理矛盾越来越突出，急需通过理论与实证研究找出高新区公共治理绩效与公共治理模式的相关性及内在机理，急需通过绩效评价找出主要影响因素并提出有效对策，以实现我国高新区的可持续发展。

本研究正是基于以上的理论与现实的需要，从绩效评价的视角，运用系统建模法、面向对象法和模块法技术构建高新区公共治理绩效评价体系，运用绩效诊断模型和多元回归模型研究高新区治理模式与治理绩效的内在机理，确立我国高新区科学治理模式并提出可行性对策建议。从研究的切入点、研究的内容和方法来看，本研究具有一定的特色与创新，具有一定的实际应用价值与理论价值。

1.3 项目的研究内容和研究目标

1.3.1 研究方法

高新区公共治理绩效评价体系构建方面：(1)运用多元统计分析中的“相关分析”方法解决指标的筛选问题，用语意变量解决指标的主观性问题；(2)运用系统建模法、面向对象法和模块法技术构建新型绩效评价体系；(3)运用神经网络和遗传算法确定指标的权重。

高新区公共治理绩效实证研究方面：(1)通过实地调研分析不同地区、不同发展阶段的主要高新区的特点和模式选择。先进行小规模访谈，作为调研的试验，采用结构式、非结构式访谈和小组讨论相结合的方法。整个调研工作将在整体综合设计与评估的基础上进行，并将综合运用访谈法、观察法、开口与闭口问卷、宏观指标与主观指标评估等方法。(2)以整体综合设计与评估为基础，对调查数据的分析采用主成分分析法，并结合多维度因素分析方法，在进行数据浓缩分析的同时检验调查设计本身的合理性。(3)运用模糊聚类法对高新区公共治理绩效进行实证分析。

高新区公共治理模式创新研究方面：(1)利用比较法，在系统比较国外高新区公共治理创新的基础上，通过对我国高新区公共治理绩效评价结果的分析，探索我国高新区公共治理模式选择的内在规律；(2)利用实证研究和理论推演的结果，并运用专家意见法、排除法等论证我国高新区公共治理改革、创新的基本战略，寻找提升我国高新区公共治理水平的对策建议。

1.3.2 研究内容

在系统总结国内外相关理论研究成果基础上，从高新区与公共治理理论、绩效评价理论的分析→高新区公共治理绩效评价模型及其实证分析→高新区公共治理绩效与治理模式的相关性分析→高新区公共治理模式创新与对策选择为中心线索展开研究。理论基础层面是研究的逻辑起点，绩效评价是研究的逻辑重点，绩效水平与治理模式相关性是研究的逻辑延展，模式创新与治理对策是研究的逻辑终点。

具体研究技术路线如图 1-1 所示。具体研究内容有：

(1)高新区与公共治理理论、绩效评价理论的分析。主要研究高新区的治理模式与特点、国内外高新区治理模式的演变与发展的规律与趋势，以及高新区绩效评价的理论基础。

(2)高新区公共治理绩效评价体系构建。主要研究高新区公共治理绩效评价的基本思路、评价指标的选取、评价方法和权重的选取。

(3)我国高新区公共治理绩效评价的实证分析。依据建立的高新区公共治理绩效评价体系，通过实地调研、问卷调查等方法采集指标信息，运用模糊评价法对我国高新区公共治理绩效进行实证研究，剖析我国高新区公共治理现状，分析我国高新区公共治理存在的问题。

(4)高新区公共治理绩效与治理模式的相关性及内在机理分析。主要包括高新区公共治理绩效的纵向与横向比较、关键因素选择、诊断及科学治理模式的选择。

(5)基于绩效评价的高新区公共治理模式创新研究。主要研究高新区公共治理科学模式的实现途径。

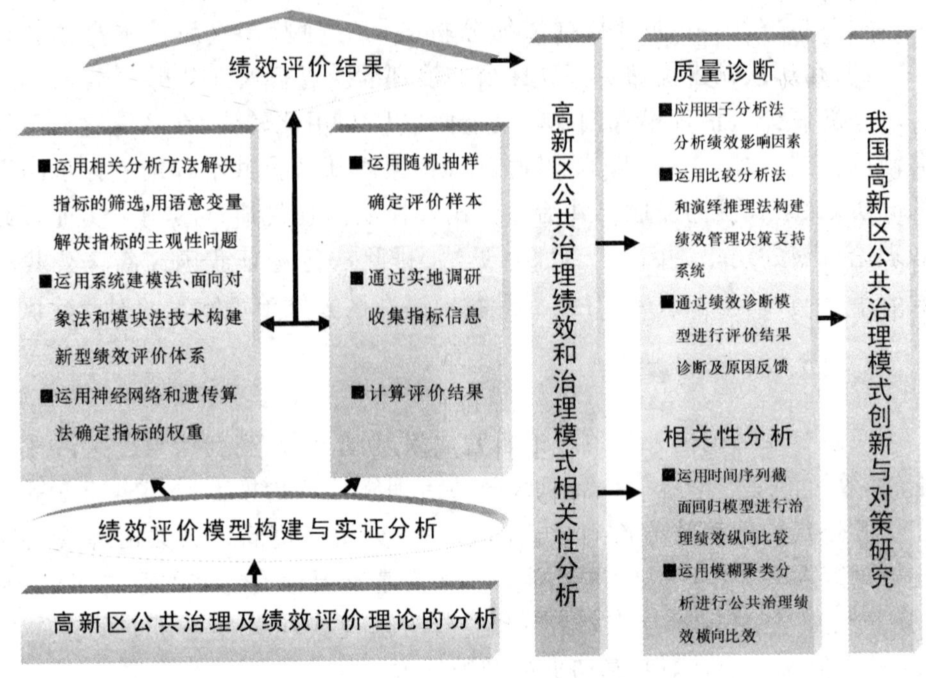

图 1-1　本研究的框架结构

1.3.3　研究目标

(1)构建体现科学发展观要求的高新区公共治理绩效评价体系及基于“绩效导向”的高新区公共治理模型。

(2)对我国国家级高新区公共治理绩效进行评价和诊断,揭示影响我国高新技术开发区公共治理绩效的主要因素。

(3)探索高新区公共治理绩效与治理模式的内在机理,提出我国高新区公共治理模式改革与创新的方案。

1.3.4　拟解决的关键问题

(1)评价体系的构建。影响高新区公共治理绩效的因素很多,要对高新区公共治理绩效做出综合评价,必须从影响高新区公共治理绩效的众多指标中选出一系列主要指标。在选取指标时力求真实、直接和全面地反映高新区公共治理水平,同时遵循综合性、可比性、实用性和可操作性原则。

(2)评价方法的确定。根据高新区公共治理绩效指标的相关性、主观性,建立定性和定量相结合的多指标评价方法。

(3)绩效诊断模型的建立。运用多元回归方法建立高新区公共治理绩效诊断模型,使高新区公共治理绩效管理进入业务流程,导向程序化和流程化。

(4)信息的收集。本研究拟对我国国家级高新区进行实证研究,需要国内外高新区公共治理的大量相关信息。许多信息在现有的年鉴等资料中难以找到,需要做大量的实地调研。

第二章　高新区公共治理绩效评价理论基础

2.1　相关概念界定

2.1.1　治理的内涵

治理,“governance”一词源于拉丁文和古希腊语,原意是控制、引导和操纵。一直以来,人们对治理与统治(government)并未作区分,“无论传统用法和辞书上的解释都以‘治理’为‘统治’的同义词”①。

20世纪80年代以后,治理一词被赋予了新的内涵。首先是经济学家们将治理看做一种利益相关者共同参与而形成的一种全新的激励机制,用以解决现代企业所有权和经营权分离后的激励不足问题。1989年,世界银行作了题为《南撒哈拉非洲:从危机走向可持续增长》的年度报告,指出当时非洲国家的公共管理已陷入深刻的“治理危机”,从而将“治理”从企业管理层面引入国家管理层面。其后,治理一词就超越了经济学范畴,成为政治学、社会学广泛应用的一个基本概念。正如研究治理问题的专家鲍勃·杰索普所说的那样:“过去15年来,它在许多语境中大行其道,以至成为一

① 斯托克:《作为理论的治理:五个论点》,《国际社会科学杂志》1999年第2期,第19页。

个可以指涉任何事物或毫无意义的时髦词语。"①

但是对于治理的界定，学者们有不同见解。治理理论的主要创始人之一罗西瑙在《没有政府统治的治理》中将治理定义为一系列活动领域里的管理机制，它们虽未得到政府授权，却能有效发挥作用。与统治不同，治理指的是一种由共同的目标支持的活动，这些管理活动的主体未必是政府，也无须依靠国家的强制力量来实现。② 罗茨认为，治理意味着"统治的含义有了变化，意味着一种新的统治过程，意味着有序统治的条件已经不同于以前，或是以新的方法来统治社会"③。他还详细列举了关于治理的六种不同定义。这六种定义分别是：(1)作为最小国家的管理活动的治理，它指的是国家削减公共开支，以最小的成本获得最大的效益；(2)作为公司管理的治理，它指的是指导、控制和监督企业运行的组织体制；(3)作为新公共管理的治理，它指的是将市场的激励机制和私人部门的管理手段引入政府的公共服务；(4)作为善治的治理，它强调的是效率、法治、责任的公共服务体系；(5)作为社会控制体系的治理，它指的是政府和民间、公共部门和私人部门之间的合作和互动；(6)作为自组织网络的治理，它指的是建立在信任和互利基础上的社会协调网络。

研究治理理论的权威斯托克对各种治理概念作了梳理，概括出了五种主要的观点：(1)治理意味着一系列来自政府但又不限于政府的社会公共机构和行为者。他认为政府并不是国家唯一的权力中心。各种公共的和私人的机构只要其行使的权力得到了公众的认可，就都可能成为在各个不同层面上的权力中心。(2)治理意味着在为社会和经济问题寻求解决方案的过程中存在着界限和责任方面的模糊性。他表明，在现代社会，国家正在把原来独自承担的责任转移给公民社会，国家和社会、公共机构和私人机构之间的界限和责任变得模糊不清。(3)治理明确肯定了在涉及集体行为的各个社会公共机构之间存在着权力依赖。(4)治理意味着参与者最终将形成一个自主的网络。这个网络与政府在特定的领域中进行合作，分担政府的行政管理责任。(5)治理意味着办好事情的能力并不仅限于政府的权力，不限于政府的发号

① 鲍勃·杰索普：《治理的兴起极其失败的风险：以经济发展为例的论证》，《国际社会科学》1999年第2期。

② 罗西瑙：《没有政府统治的治理》，江西人民出版社2001年版，第5页。

③ 罗茨：《新的治理》，《政治研究》1996年第154期。

施令或运用权威。[1] 在治理的各种定义中,全球治理委员会于 1995 年《我们的全球伙伴关系》中将治理界定为:治理是各种公共的或私人的个人和机构管理其共同事务的诸多方式的总和。

治理具有四个基本特征:(1)治理不是一整套规则,也不是一种活动,而是一个过程;(2)治理过程的基础不是控制,而是协调;(3)治理既涉及公共部门,也包括私人部门;(4)治理不是一种正式制度,而是持续的互动。可以看出,治理突破了传统的政府权威管理的思维界限,提倡政府在公共事务管理中与社会互动,是一种变革性的管理方式。[2]

我国学者陈振明在《公共管理学》一书中,将各种关于治理的研究归纳为三个途径:(1)"政府管理"的途径。陈振明认为,政府管理途径的研究侧重于从政府部门的角度来理解市场化条件下的公共管理改革,其从"经济人"假设出发,着重分析政府部门和市场力量的关系,将政府和市场的角色分别定位为掌舵与划桨。治理被等同于明确政府在市场经济中的角色,改革公共部门的管理,建立可预知的法律框架,健全责任制度和规范公共权力等。(2)"公民社会"的途径。在"公民社会"途径看来,治理是公民社会的自组织网络,是公民社会在追求共同利益的过程中创造的秩序。这一自组织网络是一种"没有政府的统治",是共同利益的自愿结合,通过不受国家支配的公民团体或民间组织,社会的各个部分完全可以自我建设、自我协调、自我联系、自我整合和自我满足,从而形成一个制度化的、不需要政府及其资源的公共领域。这一途径以公民社会和国家的关系为分析对象,强调社会自治。(3)"合作网络"的途径。"合作网路"的途径,是前两种途径的融合。一方面,它继承了"公民社会"途径的主要观点,将治理看做是相互依存状态下的管理,明确公民社会作为治理主体,确立了多中心的公共行动体系。另一方面,它也认同负责、高效、法治的政府对治理的重要意义。在第三种途径看来,治理就是对合作网络的管理,这个合作网络存在着政府部门、非政府部门等众多公共行政主体。治理就是这些多元主体彼此合作,相互依存,共同对公共事务进行管理的过程。[3]

---

① 斯托克:《作为理论的治理:五个论点》,《国际社会科学杂志》1999 年第 2 期,第 19—29 页。

② 俞可平:《治理与全球善治引论》,《马克思主义与现实》1999 年第 5 期。

③ 陈振明:《公共管理学》,中国人民大学出版社 2005 年版,第 77—82 页。

2.1.2 公共治理的内涵

1. 公共治理理论兴起的背景

自从1989年世界银行在其报告中首次使用了“治理危机”后，“公共治理”一词便广泛地被用于政治发展研究中。各国通过公共治理理论来促进本国的政治与行政变革，塑造一个有效率的政府和充满活力的公共部门。

公共治理理论的兴起是20世纪80年代以来伴随着信息时代、知识经济时代和后工业时代的到来，人们的交往方式和产业组织形式发生了改变，复杂性、动态性、多样性要求有新的组织方式和协调方式。同时，政府、市场和市民社会之间关系的变化，政府统治领域出现了诸多的新情况，传统的统治模式遇到了许多新的问题，这也是公共治理出现的重要原因。

第一，公共治理理论产生的内在原因是各国政府的改革。马克思主义认为，内因是变化的根据，外因是变化的条件。引起这场从统治到治理理论深刻的范式变迁的内因是具有世界影响力的大国的国内改革。20世纪70年代以来，世界上多数国家的政府——无论身处发达国家，还是发展中国家；无论信奉资本主义，还是坚持社会主义，都开始酝酿一场面向未来的改革运动。“改革”成为全球范围内最流行与最富感召力的词汇与口号。最为著名的大规模改革包括我国的社会主义改革、英国的续阶方案、美国的政府再造、加拿大的公共服务两千计划、欧洲共同体会员国倡导的公共服务革新、新西兰的财政与人事改革、澳大利亚的财政管理改进计划等。发达国家凭借其政治、经济、文化的先进性对后发国家具有强烈的示范效应，在政治制度、行政体制面临从传统型向现代型转变的发展中国家，亦得到积极与广泛的回应，希腊、马来西亚、南非、纳米比亚、智利、加纳、加勒比海诸国均明确提出了本国行政改革的行动计划与具体方案。这场全球变革发源于1978年邓小平领导的中国社会主义改革，然后是1979年的英国撒切尔夫人私有化改革，1980年的美国里根总统的改革，1985年苏联的戈尔巴乔夫改革。这场全球变革还在持续并进一步深化中，尤其是中国的改革，不仅深刻地改变了中国，也影响和改变着世界。

第二，公共治理理论产生的直接原因——经济全球化。全球化一词最早是由泰尔多尔·莱维于1985年发明的。莱维认为，全球化意味着市场的融合，意味着跨国业可以在全球任何地方以同一方式销售自己的产品，意味着生产、金融、贸易的往来都是在全球规模上进行的。全球化是人类社会发展到一定阶段，市场机制成为世界经济运行的主导规律时，全球经济走向紧密合作、相互依存的一种必然趋势。加速全球化的最大推动力从来就是市场经济。全球化就是市场经济的全球化，是公共治理兴起的直接原因。

第三，民主化和公民社会的发展进一步推动了公共治理理论的产生。民主作为一种国家理想，一直是各国追求的社会政治目标。在传统的国家理论中，社会分层主要是以统治者与被统治者的对立为主线，行政管理区分管理者与被管理者，显然，两者的关系是不平衡的，地位也是不平等的。而民主也要求对人民主体地位的肯定和关注，要求人民参与到国家管理之中。民主意味着国家与市民社会之间的良好合作，意味着国家与公民的共同参与，意味着国家权力的分散化，意味着非政府组织在公共治理中的作用和地位日益重要，意味着公民的自治和治理成为可能和必然。这些发展趋势为公共治理理论的产生提供了现实的需要和动力。

第四，公共治理理论的技术支撑是信息技术。信息技术的发展和运用对于公共行政管理的影响是革命性的。首先，它使信息的收集、处理和传播更为便利，缩短了政府、组织以及公民个人之间的相对距离，密切了管理主体和客体之间的沟通、反馈，从而加强了彼此之间的回应性和依赖性。其次，信息技术的发展也增强了公民和社会在信息和知识方面的占有量，从而削弱了传统政府的优势，对于传统的垂直型的单向度的权力运作方式提出了挑战，人民要求更多地参与和管理。政府、企业、社会组织、公民个人共同管理、民主管理、参与管理成为一种需求和可能。

第五，公共治理理论是公共管理科学发展的结果。20世纪中叶以来，随着科学技术和管理技术的发展，不仅是政府，即使是私人企业、公司等生产经营性组织和学校、社团及其他公共社会组织都经历了一个逐步分工细密、结构复杂、层级增多、制度规范的发展结果。韦伯的科层官僚制不仅在政府部门中适用，在许多社会化程度较高的组织中也被大量采用，被认为是管理趋同化的现象。二战后兴起的公共行政改革，企业管理的种种技术和方法也逐渐渗透到公共部门的管理中，如绩效审计、目标管理、合同承包、服务市场化等的引入，也是管理趋同化的表现。管理趋同化的过程同时也是对官僚体制进行改革和改进的过程。公共治理理论的产生和发展是管理科学和科学技术的发展和运用的结果。

2. 公共治理的内涵

通过以上对“治理”的分析能够有效剥离“治理”一词原有的过重的经济主义色彩，有利于公共行政学对其进行行政内涵的挖掘，加上“公共”一词，治理的公共性由此彰显。此外，之所以把它称为“公共治理”而非“政府治理”，主要是因为在现代社会中，公共事务治理所牵涉的范围已远不是传统的政府事务领域了，更多需要各社会主体的共同参与，而且，相比于“政府治理”过分突出政府的角色，“公共治理”更加凸显自组织的地位。同时，必须强调的是，公共治理相对于单纯自组织治理的提法，可以让我们避免一个危险，即自组织治理中过分排斥、否定政府而趋向无政府主义的危险。

公共治理，作为补充政府管理和市场调节不足应运而生的一种社会管理方式，逐渐成为公共管理的重要理念和价值追求。从一定意义上说，它既是各国政府改革的实践总结，又是影响各国政府再造的一种全新理念。20 世纪 90 年代以来，由于公共事务管理实践的发展及其需要，以及政治学家和经济学家的共同努力，赋予公共治理以全新的涵义，使其成为广泛运用于公共管理领域的基本概念。

第一，公共治理的主体，既可以是政府、公共机构，也可以是私人机构，还可以是公共机构与私人机构的合作。公共治理是一系列来自政府、社会公共机构，甚至包括私人机构在内的公共管理活动，是一个以政府为主体、多种公私机构并存的管理机构体系。在公共治理看来，政府不是国家唯一的管理主体和权力中心，各种公共的和私人的机构，只要其行使的权力得到公众的认可、认同，都可以而且应当成为在各自不同层面上社会公共权力的主体和中心。

第二，公共治理强调把原来由政府独自承担的责任转移给公民社会，即转移给各种私人部门和公民自愿性团体，由后者承担越来越多的以往由政府承担的责任。公共治理打破了传统的两分法的思维方式，强调在政府与社会的合作过程中，模糊公私机构之间的界限与责任，不再坚持政府职能的专属性和排他性，从而形成政府与社会组织之间的相互依赖关系。

第三，公共治理强调管理对象的参与和合作，希望在社会公共事务管理系统内形成一个自主的、拥有一定权威的网络。公共治理是建立在市场原则、公共利益和相互认同基础之上的合作，是国家与公民社会、政府与非政府组织、公共机构与私人机构的合作。它所拥有的管理机制主要不是依靠政府的权威，而是合作网络的权威。这一自主的网络在某一特定的领域中拥有发号施令的权威，它与政府在特定的领域中进行合作，分担政府的管理责任。从而建立起由众多行动者组成的一个关系网络，以及与众多行动者之间的合作伙伴关系。

第四，公共治理主张管理手段、方法的多样性，即政府在管理社会公共事务方面可以而且应当拥有多种手段与方法。在政府承担、完成社会公共职能的手段和方法方面，除了原有手段与方法，还存在着其他的管理方法和技术，政府有责任采用这些新的方法与技术，以更好地对公共事务进行控制和引导，提高管理效率。

综上所述，我们可以把公共治理的内涵界定为：公共治理是以政府为主体、多种公私机构并存的新型社会公共事务管理模式，是建立在市场原则、公共利益和相互认同基础之上的国家与公民社会、政府与非政府组织、公共机构与私人机构的合作，政府在管理社会公共事务方面可以而且应当将其一部分职能转交给公民社会形成一个关系网络，而且应当拥有多种管理手段与方法，以增进和实现公共利益。

3. 公共治理的特征

①治理目标上追求公共利益。治理的目标是在各种不同的制度关系中运用权力去引导控制和规范公民的各种活动，以最大限度地增进公共利益。

②治理主体的多元化。在社会管理中，突破了将政府看做唯一主体的传统观点，认为不仅有一直承担重要角色的政府，也包括作为政府重要补充力量的社会非营利组织、非政府组织，等等。因此，公共治理的主体实现了多元化。公共治理的权力呈网络化分布，权力多中心化。政府不再是唯一的权力中心，政府只是一个主体，公民社会组织、私人部门、国际组织及至公民个人都可以成为公共治理的主体。

③治理手段与方式的多样性。其管理手段除了国家行政的手段以外，更多地强调各个主体之间的自愿平等合作。可以说，参与和合作是公共治理的灵魂，它十分注重在公共事物的治理过程吸纳治理的利益相关人、专

家学者以及关心公共事物的组织和个人的参与。

④要正确处理政府在公共治理中的关系。第一,公共治理以自组织网络治理为基础,只要社会通过公民的自主自治能够实现的,政府都不应该插手。第二,公共治理也会失灵,需要政府以元治理的角色出现,以处理自组织网络中出现的"仲裁者缺位"现象。第三,公共治理强调政府与自组织网络的互动,这种互动不再是上令下行的控制形态,而是平等的上下互动。

4. 公共治理的目标

公共治理的最终目标是"善治",这是国内外学者的共识。善治体现了社会权利的涵义和对人的全面发展的重视,是国家权力向社会的回归,是一个还政于民、使公共利益最大化的社会管理过程,其基本要素是合法性、透明性、责任性、法治、回应、有效等。善治的本质特征在于它是政府与公民对公共生活的合作管理,是政治国家与公民社会的一种新颖关系,是两者和谐融合的最佳状态。善治不是当一个国家富裕时自动得到的"奢侈品",而是发达国家和发展中国家公共治理共同的终极追求,是分析公共治理"应该是什么"的标准化概念。因此,各国都在善治目标的指引下,结合自身的公共治理水平确定一定时期内公共治理的目标,并采取各种措施去实现它,我国也不例外。

当前我国的公共治理目标包括以下三个方面:第一,改革由政府垄断一切公共事务的传统行政模式,建立政府与市场、政府与社会之间的合作型管理模式。即政府放权给市场,让市场对资源配置起基础性作用;政府放权给社会,让社会有更多自主权,实行网络型治理。第二,改革政府传统自上而下的权力运作方式,拓宽沟通渠道,优化信息传输网络,使公民的呼声能及时、准确地反映到相关部门,并能体现在政策措施中。第三,政府、市场和社会形成治理共同体,在长期交往、合作、互动过程中形成一系列认同关系网络,这些网络传承着共同体以信任、互惠与合作为主要表征的普遍精神、思想意识和组织方式,即形成丰厚的社会资本。

2.1.3 高新区公共治理及绩效评价的内涵

根据前面对"公共治理"内涵与特征的分析,结合我国高新区的发展现状,我们将高新区公共治理界定为区别于传统的高新区管委会管制模式的一种新型的社会管理模式。在这种模式中，高新区管委会与非政府组织、高新区企业与公民、其他的公共机构与私人机构相互合作，共享管理权利，并通过多种管理手段与方式达到共同分担责任与义务，增进和实现高新区公共利益的目的。

绩效评价是高新区公共治理评价的核心，是对高新区公共治理能否达到预期目的的关键性评价。但是，目前对高新区公共治理绩效评价的指标体系尚未建立。我们通过总结现实中各种绩效评价指标的优缺点，并结合中国高新区的特点，围绕上述公共治理的内容，尝试设计一套综合的、整体的、全面的高新区公共治理绩效评价指标。结合我国高新区公共治理现状，我们认为高新区公共治理绩效评价指标体系应该包含以下几个方面：

(1)经济发展绩效指标。目前，我国高新区正处于社会转型期，高新区经济的快速增长和生产效率的不断提高有利于人民生活水平的改善；而人民生活水平的提高会增强其治理理念，提高其治理水平。因此，结合我国高新区整体经济发展现状，经济发展绩效依然是衡量高新区公共治理绩效的一个重要方面。我们认为，高新区公共治理的经济发展绩效主要表现在高新区经济规模扩大、利润与税收增加、资产扩张、负债减少、市场效率提高等方面。

(2)社会发展绩效指标。高新区公共治理中不仅要追求经济目标，还要追求包括教育和健康在内的生活质量的实质提高，增强发展的协调性；追求平等的发展，使社会发展的成果逐步由单向、低层次的共享走向多元、高层次的共享。因此，社会发展绩效是衡量高新区公共治理绩效的一个重要方面，具体体现在园区安全、稳定，教育与卫生、社会保障水平的提高，建立鼓励创新的园区文化等。

(3)资源与环境绩效指标。目前，环境污染与退化、资源浪费等问题的不断出现严重影响着高新区的可持续发展，考验着高新区的公共治理能力。因此，我国高新区的公共治理理应反映“资源与环境发展”的主题，追求包括保护自然资源和生态环境在内的可持续发展，建设生态文明，形成节约能源和保护生态环境的产业结构、增长方式和消费模式。我们认为，高新区公共治理的资源与环境绩效指标包括高新区的人力资源和科技孵化器现状、基础设施减少，以及资源消耗状况和对生态环境的治理和保护等。

(4)能力建设绩效指标。高新区除了肩负着经济增长的使命外，其最重要的使命是发展高新技术产业，提升区域自主创新能力。因此，高新区公共治理绩效的一个重要方面是能力建设绩效，具体表现在R&D活动和科技活动的增加，科技产出的增长，知识创造和管理能力的提升等方面。

(5)行政绩效指标。高新区公共治理绩效还体现在追求民主的发展，公民能够以各种方式，广泛地参与关系自己切身利益的决策，更好地体现人民权益和社会公平正义。因此，高新区公共治理绩效还应体现人的发展与社会进步，如参与、自由、民主及机会、透明度、潜能的释放等。我们认为，高新区公共治理的行政绩效主要表现在公众满意度、管理透明度、政策制定与执行效果等。

2.2　高新区公共治理的主要模式

高新区的公共治理表现为高新区内政府力量、市场力量和社会力量的互动和合作。但是公共治理只是一种理论上的探讨和追求，如何转化到实践层面，这就涉及公共治理模式的构建。模式是对客观事物的内外部机制的直观而简洁的描述，它是理论的简化形式，可以向人们提供客观事物的整体内容。各个学科和行业均有各自的模式，且任何模式都是在不断发展和创新的。高新区公共治理模式是高新区公共治理实现的外在表现，同时又是其主要的推动力量。[①]

本质上来说，公共治理模式是在高新区不断发展过程中形成的，是推动高新区发展的有效的制度、体制和运行机制的总和。这一模式反映了政府力量、市场力量和社会力量共同作用的结果，核心是政府力量、市场力量和社会力量各自的角色定位和权限划分，表现形式是三者之间的合作网络的形成。具体来说，主要包括以下几种治理模式。

2.2.1　政府治理型模式

政府治理型模式，是指由政府设立专门的园区管理机构直接进行全权

① 任剑涛:《政府何为？——中国政府改革的定位、状态与类型》,《公共行政评论》2008年第1期。

管理的体制,政府操办高新区的一切事宜,实行“单一窗口”的一站式管理和一条龙服务。该管理体制的最高决策机构是中央或地方政府的有关部门,具体的管理执行机构也是中央或地方政府组织设立的专门机构。

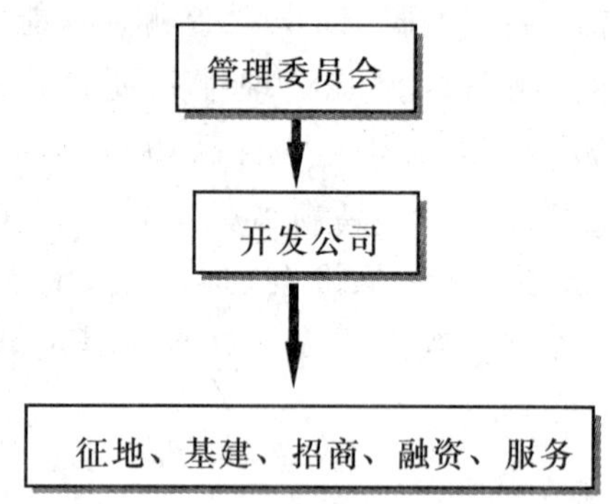

图 2-1 高新区政府治理型模式

其主要形式是由政府设立高新区管理委员会或派出办公室,管委会(或办公室)履行政府的有关行政职能,对高新区内的企业进行管理。高新区管理机构的部门较齐全。这种模式把各级政府的行政管理职能浓缩在高新区管委会(或办公室)中,力求用行政的手段处理各种问题,用行政的权威性协调管理高新区企业,见图 2-1。由于在这种模式下,政府既负责高新区的管理,也负责初期的建设和后续的服务,这种管理模式的显著特点是政企合一。创建初期,高新区管委会兼管理者与开发商的双重功能,高新区管委会与开发公司两块牌子一套班子或交叉兼职。开发成功后高新区管委会又兼具管理者和服务商的双重职能。这一管理模式主要适用于发展中国家和地区举办的高新区。新加坡裕廊高新区和我国台湾地区新竹科学工业园是其中典型的例子。

作为政府垄断开发的制度载体,1968 年新加坡政府在财政部专门设立裕廊镇管理局(Jurong Town Corporation,简称 JTC)具体负责高新区管理运营。其中园区规划和招商引资分别由市区重建局和经济发展局与裕廊镇管理局协同负责。裕廊镇管理局又通过若干分支机构,形成一个非常商业化的子系统,专门负责对于园区开发建设和服务,并具有显著的房地产开发商及专业服务提供商的特征。近年来,裕廊镇管理局为适应不断变化的竞争环境,一直致力于高新区管理体制改革,促进各法定机构能够将工作重心放在管理和发展等核心业务上,并使其能对市场的反应更加灵敏。

我国台湾地区新竹科学工业园是典型的政府主导型高新区，分为工业区、住宅区和休闲娱乐区。它由园区指导委员会和园区管理局共同管理，二者均隶属于我国台湾“行政院”下的“国科会”。其中指导委员会由台湾地区经济、财政、国防、教育、交通、“内政部”副部长和“国科会”副主任、“行政院”开发基金会执行秘书及若干专家组成，负责园区总体的监督指导、审议和决策。园区管理局下设业务组和秘书室、人事室等单位，具体办理建筑规划、工程管理、公共福利、科技发展、服务推广、税务工商以及公共设施等事项。

在其他国家，如韩国大德科学城由韩国中央政府组建的大德团地管理事务所（负责科学城建设和研究业务的支援工作）、土地开发公社（负责土地管理）、迁入单位审议委员会（科学技术处的咨询机关）等机构管理。德国的海德堡技术园是由市政府的促进经济办公室负责管理。日本筑波科学城是由首相办公室下面设立的“科学城推进本部”来管理，该部由国土厅厅长担任主席，成员包括科技厅、环境厅、厚生省、文部省、农林水产部以及邮电、劳工、通产、建设等有关中央政府各部门的副部长。设置筑波研究机构联络协议会（下设专业委员会负责管理研究业务）。土地开发和公用设施建设项目由住宅和城市开发集团负责，科研和教育机构建设由建设部负责。

中国深圳高新技术产业园区也属于这种管理体制，它包括三个层次：一是决策层，由以深圳市市长为组长，市科技局、计划局、经济发展局、规划国土局等十几个部门负责人组成深圳市高新技术产业园区领导小组；二是管理层，深圳市高新技术产业园区领导小组办公室，包括综合处、计划处和监督协调处，具体负责园区的行政管理事务；三是服务层，深圳市高新技术产业园区服务中心（属服务性事业机构），负责园区的开发建设和日常服务工作。

2.2.2　企业治理型模式

企业治理型模式，是指采用董事会领导下经理负责的管理体制，即以企业作为园区的开发者和管理者，负责区内的基础设施开发建设、经营区内的各项业务、管理区内的经济活动和提供区内企业所需要的各种服务，把高新区作为一个独立经营管理的公司。公司不属于政府机构，而是一个拥有独立法人地位和权利的经济实体。公司一般由政府调控的董事会或理事会来领导，多数是国有企业或合营企业。董事会一般由政府、大学、企业以及当地有关人士所组成，负责有关高新区发展的重大决策，一般不干预区内各机构的具体业务。园区日常管理和经营业务由公司经理层负责，同时，经理层必须执行董事会制定的大政方针。这种公司形式的管理机构，既能得到政府及有关部门的大力支持和资助，又接受上级和有关部门的领导和监督，见图 2-2。该模式应用于英国多数的科学园区、德国几乎所有的高新技术创业园、澳大利亚所有的科技工业园区等全球大多数国家或地区。其中英国的阿斯顿大学科学园、日本神奈科技工业区和澳大利亚莱瓦拉技术中心是典型的例子。

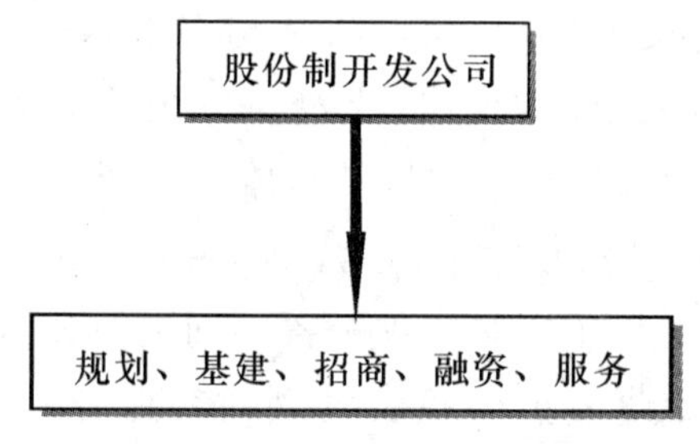

图 2-2 高新区企业治理型模式

英国阿斯顿大学科学园是由阿斯顿大学、当地政府与劳夷兹银行三方共同兴建，并组织了伯明翰技术有限公司具体经营和管理。董事会由上述三方代表组成，对园区的一些重大事情承担决策责任，规定了各自具体的责任和义务：市政厅提供房地产，建设各种基础设施；劳夷兹银行为来园区"安家"的企业提供风险投资；阿斯顿大学提供人才和科研成果，并有偿出租实验室等。伯明翰技术有限公司由经理负责，根据董事会的决策，对区内公司进行审查并与之签订合同，为区内企业提供市场和技术咨询、房屋出租等综合性服务。伯明翰技术有限公司还为区内新建公司提供配套资金，并拥有其 26％～49％的股份。

日本神奈川科技工业园是由日本民间按公司治理方式筹建的第一个科学园区，其管理机构是由科技工业园区的主要投资方通产省、神奈川县、川崎市、企业和当地有名望的人士共同组成的 KSP 社委会。澳大利亚的莱瓦拉技术中心也采取公司制管理，自负盈亏。其董事会由技术中心的公司负责人及政府、工会代表等人组成。常设机构由专职经理和秘书组成，负责对中心内的企业提供各种服务。

我国高新区企业化经营尚处于探索阶段，其治理模式主要可分为三类：

(1)国企管理型。高新区内虽设立管委会，但仍以公司为主体进行经营管理和社区一般性事务管理。管委会与国有大企业的党委会有类似的功能，如早期的招商局蛇口工业区。这类高新区一般属国有企业，赋予了较多的管理权限。

(2)外商管理型。高新区内不设管委会，只指定区外主要管理部门协调管理。如上海漕河泾微电子高技术高新区，完全由港商投资和管理。深圳一些小高新区也采用这种模式。

(3)联合管理型。以国有企业为主，由中外企业参股组建联合公司对高新区进行经营管理。上海的高新区大都采用此种管理模式，如闵行经济技术高新区，就是由上海闵行虹桥开发公司(65%)与中银香港(25%)、中国银行(10%)三家共同出资成立，具有中外合资性质的闵行联合发展有限公司负责开发与管理。再如1990年经国务院批准的国家级高新区——上海金桥出口加工区是先由市政府投资，注册金桥开发公司，之后通过与交通银行等机构合作成为内联企业，再与招商局等合资成立中外合资公司，最后成为上市的股份公司。金桥出口加工区将招商引资、社区管理与专业公司的经营管理分开，其内部经营管理体制上相对比较精简，较能适应经济发展要求，并能逐步与国际接轨。

企业治理型模式是目前高新区治理的国际惯例。在这种模式下，企业作为开发商，投资高新区内的土地开发和基础设施建设，并通过对熟地、厂房的转让和基础设施的经营获得收益。与政府治理模式相比，企业治理模式具有更高的效率。由于企业总是追求自身利益的最大化，因此企业作为开发主体，会根据市场需求情况进行园区开发建设，并设计合理的运营机制，使园区高效运作。企业对园区实行企业化运作开发主要有以下几种方式：

(1)股份融资方式。高新区通过市场化运作，设立股份有限公司的方式，吸引投资商和社会公众投资入股，募集开发建设资金。在这种方式下，高新区首先要做的是选准、选好能够吸引投资者投资的项目。股份有限公司成立后，要尽可能地经营好，争取早日上市发行股票筹融资。此种方式的缺点是时间拉得过长。

(2)成片开发方式。在合理规划的前提下,在高新区内建立划片开发小区,或者将区内的土地划分成功能小区,然后将划片开发小区承包给外商或国内有实力的企业投资开发,采取“我定政策,你包片开发;你赚钱,我收税”的开发方式,充分利用外部资源搞好高新区的土地开发和基础设施建设。

(3)BOT方式。所谓BOT,即建设—经营—移交的经营方式,在典型的BOT方式下,政府同外商投资的项目公司签订合同,由项目公司负责筹资和建设基础设施项目。在合同规定的期限内,项目公司拥有、运营和维护这项基础设施,并通过收取设施使用费或服务费,收回投资并取得合理的利润。协议期满后,项目公司须将这项基础设施的所有权无偿移交给政府。高新区要与外商加强合作,通过这种投资方式,在搞好区内基础设施建设的同时,还可以提高高新区利用外资的水平,一举两得。

通常采用BOT方式进行的园区基础设施建设项目都是一些大型资本、技术密集型项目,包括道路、桥梁、隧道、铁路、地铁、发电厂和水厂等。特许期内生产的产品或提供的服务可出售给国有单位,或直接向最终使用者收取费用。BOT项目规模大、建设周期长,所需资金数额大,涉及利益主体多,故其风险性较大。每一个BOT项目都各具特点,一般均无先例可循,这无疑增加了实际操作的难度。

(4)公共服务合同承包方式。公共服务合同承包就是政府采取诸如招投标等形式把一些公共服务直接推向市场。企业的竞争获胜者与政府签订合同,前者完成任务并达到合同规定的标准,后者支付合同约定的报酬。政府采用合同承包方式,首先要确定哪些公共服务可以承包出去,即确定承包对象。高新区公共服务合同承包的最主要目的就是在不牺牲服务质量的前提下减少运作支出。在美国、加拿大、英国、德国、日本和瑞士等国运用公共管理的调查、对比研究和跨部门计量经济模型等方法,对合同承包进行了大量研究。这些研究表明,在服务水平和服务质量保持不变的前提下,将管理与监督合同实施的成本计算在内,合同承包平均节省约25%的费用。

(5)管理合同方式。管理合同是指当局委托管理公司代理管理的一种营运形式。高新区采用这种方式,可以用较少的资本投入及风险为代价迅速扩张其规模，同时使在该领域没有实力及经验的业主分享该行业所带来的丰厚回报。园区管理当局与管理公司通过签订管理合同来实现这一运作方式。

(6)合作开发方式。高新区还可采取与外部开发商(外商或国内有实力的企业)合作开发的方式，完成区内的基础设施等内容的开发。在这种开发方式下，高新区管理当局与开发商签订合作开发合同，遵循“统一规划，利益共享”的原则，按照高新区总体规划的要求，由外商或国内有实力的企业投资区内基础设施建设，投入运营后，按合作开发合同规定的利润分配比例，进行分配。

(7)其他方式。除了上述几种企业化运行开发方式，在实践中，高新区还可根据市场规律及自身的实际情况，采取其他方式。如采取 TOT 方式，剥离有效资产，连同项目经营权出让给外商，使管理当局得以全部或部分地收回投资；采用产权置换的方式，如用冠名权、公共场地广告经营权等产权换取道路桥梁、广场、公交站牌等的建设维护资金；接受社会捐赠或赞助；鼓励志愿者认养绿地等。

2.2.3　混合型治理模式

混合型治理模式能把政府力量与民间和市场力量有机地结合起来。这类模式的高新区既具有政府治理型集中统一、权威性高、规划性强的特点，又兼有企业治理型灵活性、创造性、活力和竞争力强的特点。此外，采用这种模式还要求有较好的外部发展条件。混合型治理模式有多种类型，通过基金会进行管理就是其中一种类型。

基金会(协会、管理局)管理型，是一种混合型治理体制，由政府、企业、银行、大学和其他机构分担义务，共同承担管理职能的综合管理体制。国外一些规模较大的科学工业园、科学城和技术城一般采用此种管理体制。如美国北卡罗来纳三角研究园由三角研究基金会管理、日本熊本技术城由熊本高技术密集区技术开发基金会管理、法国法兰西岛科学城由科学城协会管理，等等。

由美国北卡罗来纳州政府创办的北卡罗来纳三角研究园，是由三角研究基金会管理，基金会由大学、企业、地方政府等各方代表组成的董事会领导。三角研究园基金会的职能是购买和出售(租)土地，具体指导和管理园区建设，确立研究园内各类机构的设置标准，制定有关研究园发展的方针政策。日本熊本技术城的规划设计是由县政府的企划开发部负责,实施运作则是独立的非营利机构熊本高技术密集区技术开发基金会,基金会由熊本的各方代表组成,县知事兼任理事长。法兰西岛科学城由科学城协会管理,科学城协会由科学城的研究机构、企业、大学成员组成(包括国家原子能总署、法国电力公司、巴黎第十一大学、国家科研中心、汤姆逊公司等)。每个成员每年捐助一定资金作为协会基金,科学城协会的日常工作由常设班子负责。协会下设行政理事会(做出重大决策),科学理事会(起顾问和咨询作用)和经济与社会理事会。科学理事会每年举行一次会议,考虑发展方向和讨论应采取的措施,但只起顾问作用,决策需由行政理事会做出。加拿大卡尔加里研究与发展园是由省立法成立的卡尔加里研究与发展园管理局管理,它是由当地的大学、商会和政府三方组成的合作机构,这与前述完全由官方组成的管理局是有区别的。法国梅斯 2000 科技园是以地方政府为主,由大学、研究机构、商会、企业组成的管理机构管理。科技园主席由法国外贸部长、省长和梅斯市市长兼任,副主席由梅斯市、省议会、梅斯大学、商会的首脑担任;由科技园所设的规划和发展部、秘书处、财务处及研究部四个部门负责园区的日常管理。

这种管理体制具有适合于高新区发展的特点。首先,它体现了利益与风险分摊的原则,对于投资大、风险高的高新区,这是非常重要的。其次,它以资金管理牵头,带动行政管理和技术管理,使管理权力和利益风险挂钩,使责权利三者得到统一。最后,这种体制间接地体现了政府的影响和干预。在许多发达国家和地区,通常由政府通过出资施加自己的影响,引导高新区的发展。

2.2.4 高新区治理模式比较

1. 管理机构的层次分析

以上三种治理模式包含了三个层次:最高决策机构、具体管理执行机构和服务机构。政府治理型最高决策机构是由中央政府有关部门联合参加组成,如基金会、理事会、指导委员会等,其成员绝大多数为兼职人员,许多是有名望或有权威的人士,他们定期开会,议决重大问题。其他类型的最高决策机构则是由多方成员组成的董事会、协会、管理局,管理机构多是公司、基金会或专项职能部门，见图 2-3。

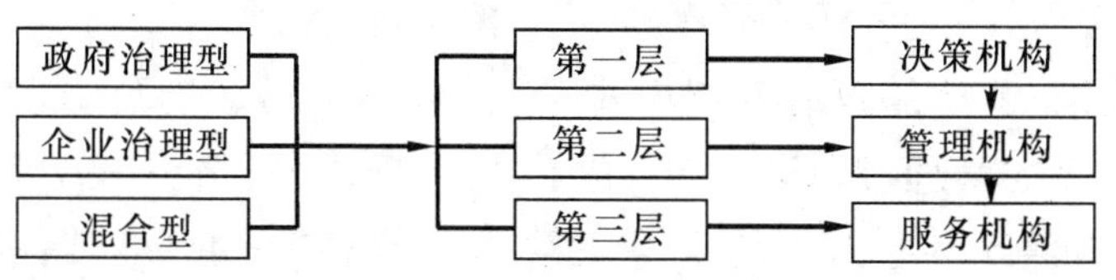

图 2-3　高新区管理层次示意图

2. 管理职能范围分析

管理范围的一个极端是只进行地产管理，另一极端是如我国台湾地区新竹科学工业园区那样实行统管的“小政府”。后者除基本建设外，负责园区一切经营管理活动。多数高新区的管理职能是介于上述两者之间的。一般来说，高新区管理机构的管理职能基本上相同，主要包括：制定和实施高新区发展计划(包括立法工作)；从事基础设施和研究设施的建设；筹集风险资金；创办孵化器，扶植新企业；负责房地产开发与管理；负责入区机构(企业)的甄选、登记和管理；组织区内各方的交流与合作；举办技术培训和技术咨询；促进科研与生产的合作；加速科技成果向商品的转化；对区内的活动做出限制，等等。

3. 管理体制分析

政府治理型治理模式的特点是，资金有保障，风险由政府承担，政府的干预较强，有利于协调各方面关系和宏观调控，具有权威性、集中性和统一性。但政府干预过强，缺乏灵活性，不利于激发活力和创新。实施企业治理型模式的高新区资源配置较灵活，市场竞争力较强，缺点是缺乏统一规划，资源不够集中，容易产生外部不经济等公共治理问题。混合型模式能融合了前两种模式的优势，但仍处于摸索阶段。

2.3　高新区公共治理的主要特点

这些模式具有以下两个重要特征：一是公共治理主体的多元化；二是多元主体的平等、互动和协调。

2.3.1 公共治理主体的多元化

长期以来，我国的政府管理模式是“全能政府”，政府负责所有经济、政治和社会事务的管理，政府是唯一的公共治理主体，公共权力资源的配置呈现单极化，实行自上而下的垂直式管理。这种“全能政府”体制，实质上是“政治上的国家对社会的全面控制和支配，社会并没有自主的细胞，所有的个人与机构都是国家大机器上的零部件”。[①] 高新区体制虽然从一开始就突破了这种传统的体制，但仍不免带有“胎里病”——传统全能政府的残余因素。从我国高新区的发展历程来看，高新区的建设与发展明显带有政府主导的特点，政府对市场和社会的干预仍较多，市场和社会的作用未能很好地显现。现在这种由政府单一主体来进行的管理模式不论在理论上还是实践上，都受到强有力的冲击。公共选择理论对于政府失灵的论述证实：政府全能的神话像市场万能的神话一样已经破灭，主张缩小政府的职能和作用，扩大市场和社会的作用，由此引发了我们对于公共治理主体的重新思考。随后的公共治理理论则更为明确地提出：政府不再是唯一的公共治理主体，政府之外的社会组织和私人部门同样可以成为公共治理主体。公共治理虽然需要权威，但是这个权威并不一定是政府机关。[②] 从实践来看，随着我国社会主义市场经济的完善，市场的巨大作用得以发挥，政府也由“全能”的政府转变为“有限”、“法治”、“服务”的政府，由“单一”的社会管理转向“多中心”的社会公共治理。[③] 国外一些高新区实行由政府、大学、研究机构、银行等部门联合管理的形式，能够充分发挥各部门的优势，实现资源互补。因而，高新区公共治理模式的首要因素便是管理主体的多元化，只有主体的多元化，多元主体之间的协调、互动和合作网络的形成才成为可能，高新区的公共治理才会有保障。

2.3.2 多元主体的平等、互动和协调

如前文所述，传统的公共管理是运用政府的权威，通过发号施令、制定

---

① 萧功秦：《中国的大转型——从发展政治学看中国变革》，新星出版社 2008 年版，第 96 页。

② 俞可平：《权利政治与公益政治》，社会科学文献出版社 2003 年版，第 134 页。

③ 阎娟：《政府、市场与公民社会三足鼎立的有效政府——兼苏州工业园区管委会个案考察》，中国期刊网优秀硕士论文数据库，2003 年。

政策和实施政策，对社会公共事务实行单一向度的管理。而公共治理与此不同，公共治理是一个平等互动的管理过程，它主要通过合作、协商、伙伴关系、确立认同和共同的目标等方式实施对公共事务的管理。它所拥有的管理机制并非主要依靠政府的权威，而是依靠政府、市场和社会的合作网络的权威。高新区公共治理模式的实质内涵就是通过平等地位的多元主体的互动和协调来形成合作网络。

具体而言，高新区公共治理模式应当在管理主体多元化的前提下，具备两个基本特征：第一，多元主体的地位平等。地位平等是互动和协调得以实现的前提和保证，也是高新区公共治理模式的核心要求。尽管政府力量、市场力量和社会力量所控制的资源和权力来源、权力强弱上存有很大的差异，但需要明确的是：在合作网络中，不存在任何特权的可能。多元主体之间是平等的关系，需要通过对话建立伙伴关系，互相借助其他主体的资源来实现依靠自身力量无法实现，或无法达到帕累托最优的目标。政府组织、非政府组织以及其他社会组织，凡参与公共事务处理的主体都可能形成权力中心，这一权力中心的形成是基于共同利益上的自然认同的过程，不存在任何的强制。第二，多元主体的互动和协作。合作网络的形成过程，实质上就是多元主体通过对话和协商，相互交流信息，以实现公共资源配置最优化的过程。这一过程的意义十分重大。对于政府而言，是从发号施令的统治转变为互动协作的公共治理；对于非政府部门而言，这一过程就是从被动排斥到主动参与的变化。在平等的互动环境中，非政府组织的参与动机和热情完全释放出来，其作用得到最大限度的发挥，政府组织也能够致力于自身能力的提升。

2.4　国内外高新区公共治理的演变与发展趋势

2.4.1　国外发展趋势

在传统社会，统治者一直在探索治理国家的方式，追求国家之“治”。他们的思想不乏深刻，但是往往是零碎的、经验主义的，缺乏系统的理论研究。从系统性而言，国外对于治理模式的研究要早于我国。从行政学的发展历程来看，对于治理模式的探讨始终是政治学和行政学的重要主题。现代社会治理模式研究始于威尔逊《行政学之研究》一文的发表，其后学者们便对治理模式进行了广泛的探讨，只不过所用的词汇有所不同。20 世纪 90 年代，治理和善治理论提出后，“治理模式”才得以明确提出，并成为炙手可热的词汇之一。

总的来说，对于治理模式的探讨，国外学者的探讨已经非常成熟，如美国学者奥斯本致力于改变传统的官僚主义体制，运用企业家精神来重塑政府，提出了企业化政府治理模式的十种类型：[①]起催化作用的政府；社区拥有的政府；竞争性政府；有使命感的政府；结果导向型政府；顾客驱使的政府；企业化政府；预知型政府；分权的政府；市场导向型政府。彼得斯则预测了政府未来的四种治理模式：(1)市场模式指将竞争机制引入公共部门，按市场规则制定公共政策，以及采用合同聘用制、建立个性化绩效工资制度；(2)参与模式认为传统的科层官僚制的组织结构和管理方式是影响行政效率发挥的主要障碍，主张分权，通过共同协商来进行决策；(3)弹性模式强调政府部门取消过时、僵化部分的机构，通过不断创新组织结构来实现政府的职能目标；(4)解制式模式主张消除公共部门众多的规章制度，利用公务员的责任心和能力从事创造性工作，提高办事效率。此外，英国学者菲利耶提出了效率驱动模式、小型化分权模式、追求效率模式和公共服务取向模式政府治理模式。

可以说，上述的这些模式融入了更多民主、协作、自治等元素，实现了对传统行政模式的提升。它将传统的政府统治引向全新的政府治理——政府的服务角色、政府的授权分权行为、政府的效率原则。这些均能为我国现代治理模式的构建提供参考和借鉴。

2.4.2 国内发展趋势

祖强等(1994)把国外高技术产业开发区管理体制分为三类，即政府主导型管理体制、官民联合型管理体制、民间经营型管理体制，并分别指出了这三种管理体制的优缺点。他们认为政府主导型管理体制领导和管理权

---

① 戴维·奥斯本：《摒弃官僚制：政府再造的五项战略》，中国人民大学出版社 2002 年版，第 347 页。

集中，办事效率较高；资金来源也有保障，风险可由政府承担；有利于协调各方关系，便于宏观控制；可避免美国硅谷等自然型高技术产业开发区所产生的弊端，如人口猛增、交通拥挤、住房不足以及环境污染等问题。但政府干预过强，不利于调动开发区创新精神。官民联合型管理体制中政府、大学、科研机构和企业合作，有利于发挥大学、科研机构、企业、工商金融人士的积极性，增加了管理的科学性。民间经营型管理体制，由于资金来源有限，不利于高技术产业开发区大规模建设。黄清亮(1998)将我国现行开发区管理体制分成政企合一型、政企分离型和纯企业型三类。代帆(2001)对世界高新技术产业开发区管理模式进行了比较研究，认为不同的发展阶段适用不同的管理模式。开发区创建初期，欧美国家主要采取民间管理型，政府仅从政策、法规上进行控制；亚洲国家则以政府管理型为主。开发区进入成熟阶段并具有一定规模后，开始采取官、学、产共管体制，但特别强调企业和科研机构参与管理。大学、科研机构的作用不仅体现在科研和人才上，也体现在对园区的管理上。夏海钧(2001)指出国外对高新区的管理方式大致分为政府直接管理型、非政府参与型、政府参与多元化联合型三种方式。其中，政府直接管理型的管理内容包括制定规划、从事基础设施建设、筹集资金、选择企业进区等，典型的有日本筑波科学城、韩国大德科学园和我国台湾地区新竹科学工业园等。非政府参与型又分成营利企业型和非营利机构型两种模式。营利企业型指高新区主办者把主办高新区作为一种投资，追求高新区带来的利润；非营利机构型是采用基金会形式管理高新区，如法国科学城的管理模式。政府参与多元化联合型是指高新区通常采取政府和民间联合经营管理的模式，即由政府和各类民间机构共同组建的董事会、基金会或社委会来进行管理，如英国的曼彻斯特科学园是由市政府、研究机构和大公司组成的董事会进行管理的，实行经理负责制。钟坚(2001)将科学园区的管理体制分成政府机构管理、民间组织(如基金会、协会)管理、专门公司管理、大学管理以及政府、大学、企业的联合机构管理(即“官、学、产”共管)等形式。陈郡等(2002)认为，政府对开发区的规制是不可回避的。黄清亮(2003)主张建立联合型开发区管理体制，即在基础设施开发上，管委会联合企业进行开发，将开发收益以税收等方式返还给企业；管委会则由政府部门派出人员与各股东组成，代表政府进行决策、规划、审批等行政管理，对于有限公司的具体业务经营采用企业式管理。叶凌(2003)根据损益主体的不同,将开发区的开发模式分成以政府为损益主体的开发模式和以企业为损益主体的开发模式。其中,以政府为损益主体的开发模式主要有委托开发和土地储备中心两种方式,以企业为损益主体的开发模式主要包括政府全资公司、合资公司、私营公司三种方式。

第三章　高新区公共治理绩效评价指标体系构建

3.1　高新区公共治理绩效评价意义与作用

当前，我国高新区已成为国民经济持续强劲增长的基础性力量，是高新技术产业走出去参与国际竞争的服务平台、抢占世界高新技术产业制高点的前沿阵地。但是，我国大多数高新区经过20余年的发展，已进入“二次创业”阶段。高新区的公共治理面临着一系列矛盾和问题，如高新区与周边区域没有形成协调并举的发展机制，产业“孤岛”现象突出；高新区多头管理，统筹不够，缺乏政府促进产业发展的合力；高新区经济效益和社会、环境效益之间的矛盾日益突出，等等。

高新区在“一次创业”阶段主要以招商引资、扩大经济总量为主，多方面承担了经济技术开发区的职能，而高新区本身所肩负的发展高新技术产业、提升区域自主创新能力的职能大多未得到充分有效地发挥。2020年我国将建成创新国家及新一轮以数字化装备和服务外包为主要内容的国际产业转移等一系列新形势，给我国高新区发展提出了重大的历史使命，也为高新区的发展提供了前所未有的机遇。新形势、新定位、新功能、新要求为我国高新区发展，特别是在公共治理方面进行相应的改革创新，提出了一系列新的课题，需要我们及时去研究和解决，从而为高新区“二次创业”创造有利环境。

首先，进行高新区公共治理绩效评价的研究是落实科学发展观和绩效观的内在要求。党的十七大报告明确要求把科学发展观贯彻落实到经济社会发展各个方面，高新区责无旁贷。1993年公布国家高新区评价指标体系，经1999年、2004年和2008年的修订，虽说在内容上做到了与时俱进，但从总体上来说，对高新区的考核评价及高新区自身工作诉求，与科学发展观的要求尚有一定的差距。与此相应，在高新区公共治理方面，也亟须建立体现科学发展观与绩效观的内在要求的评价体系，但在国内尚无这样的评价体系。绩效评价是解决高新区落实科学发展观、树立正确绩效观中需要解决的问题。

其次，进行高新区公共治理绩效评价的研究是我国公共治理理论创新与发展的内在要求。我国现有高新区公共治理理论的滞后，使高新区公共治理缺乏科学的理论指导；同时，西方的公共治理理论是建立在较成熟的市场经济基础上的，而我国目前又处于转型期，我国高新区公共治理还是以强势政府为主导的，西方公共治理理论在指导我国现阶段高新区实践上存在许多欠缺，也无法准确解释和回答我国高新区发展中出现的一系列新现象、新问题。

3.2 高新区公共治理绩效评价的基本思路

国家对高新区的“四位一体”定位以及面向长远发展的“五个转变”确立了对高新区的发展要求和评价标准，同时也是高新区公共治理绩效评价的重要基础。高新区公共治理绩效评估为新的政府治理理念提供了技术支撑，在行政管理实践中具有计划辅助，监控支持、促进、激励和资源优化等重要作用和功能。高新区公共治理的绩效评估不仅有利于树立政府的良好形象，同时对提升高新区管委会管理能力也具有重要作用和意义。

3.2.1 评价的原则

1. 科学性与可行性相结合

对高新区公共治理绩效评价是实践科学发展观与建立和谐社会的现

实需求，因此，建立符合科学发展观要求的高新区公共治理绩效的综合评价体系，应该把理论与实践结合起来，在对客观实际抽象描述的同时，要具备可操作性。评价高新区公共治理绩效的因素很多，在提炼指标时要抓住最重要、最本质、最有代表性的东西。对客观实际抽象描述越清楚、越简练、越符合实际，其科学性也就越强。一方面，指标体系应尽可能明确易懂、简繁适中，数据易于采集计算，数据要进行标准化、规范化处理；另一方面，指标体系的评价方法和相应的各项指标的计算方法要简便科学、易于操作。

2. 定性与定量相结合

“数字和量化标准通常被作为评估的基础。然而，并不是所有的公共服务和公共项目都是能简单量化的”（罗伯特，2003）。即使是企业绩效评估，指标确定也不可能完全采用定量分析。为了更好地进行综合评价，必须将反映高新区公共治理绩效的定性指标与定量指标结合起来，对定量指标要保证其可信度，对定性指标应尽量适用，或选择那些能间接赋值或计算予以转化的定量指标。一方面，对高新区的经济贡献必须采用定量指标去分析，并且考虑资料数据的易得性；另一方面对社会效益、管理的效率、公众满意度等指标应尽可能采用定性指标来分析，并使定性指标定量化、规范化，为采用定量评价方法打下基础。

3. 过程目标与结果目标相结合

对高新区公共治理绩效的评价会受到各种因素的影响，不能只考虑结果目标，必须采用过程目标与结果目标相结合评价的原则，才能全面、客观地对其做出合理评价。哈拉契米（2003）提出：“业绩测评基于这样的总体理念，即每个生产或政策过程能够被细分为四个基本元素：投入、通过量、产出和后果。如果可能的话，这些元素应当用客观的措施和指标来测评。对投入、过程、产出和效果的测评应当区分开来。”高新区公共治理的绩效，既包括高新区管委会提供公共服务和进行园区管理的绩效表现的“结果目标”的绩效，如经济效益、资源与环境等，也包括高新区管委会在行使职能过程中的“过程目标”的绩效。

4. 经济效益与社会效益相结合

过去的高新区的绩效评估过于注重经济发展指标，如从GDP、出口创汇等经济指标，比较注重经济的规模水平。而对社会发展指标、民生指标缺乏足够的重视。实际上，对高新区公共治理的绩效评估就是根据管理的效率、能力、服务质量、公共责任和社会满意度等方面的判断，对公共部门管理过程中投入、产出、中期成果和最终成果所反映的绩效进行评定和划分等级。这种评估是在体现4E原则，即效率性（Efficiency）、经济性（Economy）、效果性（Effectiveness）、公平性（Equality）的基础上展开的。如美国政府绩效评价的通用绩效指标分为低收入住房援助、职工培训和就业、荒地火情管理、减轻水灾损失、参加灾害保险、卫生、环境、农村水利工程绩效、非定点水源污染项目绩效、湿地等，从以上指标体系可以看出美国的政府绩效评价更多的是关注民生指标与社会指标。

5. 管理与服务相结合

高新区公共治理的绩效就是高新区管委会行使行政职能的水平与效率。党的十七大提出的政府职能转变的核心是由“全能”向“有限”转变，由“管制”向“服务”转变。高新区的管理也应该体现由“统治”到“善治”的转变，高新区管委会不是管制者而是服务者，要从传统的管理向社会保障、环境保护、社会福利、信息服务等公共服务拓展。对管委会的管理体制的评估，主要是看管委会的管理理念、管委会依法行政的程度和管委会的行政效率。对高新区公共治理的绩效评估要达到的目标是实现由过去的重管制、轻服务，以政府为中心，到以注重公共服务，以满足公众的需求为中心的转变。

3.2.2 评价的主体

高新区公共治理的绩效评价主体从可以从社会评价、政府内部评价、独立评价组织等几个方面来进行。从评价的层级来看可以有上级评估，如直接领导（政府）、国家科技管理部门的评估；中级评估，如自评、有关职能部门、科技管理部门的评估；下级评估，如园区企业、园区居民、投诉中心、社会团体等。实际上，园区居民和企业及员工对高新区的管理绩效如何，感受是最真切，心中也是最有数的，但是与行政机关相比，企业和居民的评价常常处于弱势地位，有的地方进行对政府的绩效评估也给公民评价赋予一定的权重，但步子都不大，大都在10％～20％之间，有的地方规定“社会评议”的权重仅为5％，表面上是“尊重民意”，实际上是一种装潢门面的“作秀”表演。从上、中、下三级综合评估可以给各评估主体一定的权重，通常按30％、40％、30％较为合理，在评估的初期对下级的评估的比重也不能太高。在对高新区公共治理绩效评估时还可以引进第三方评估机构，或说“评估共同体”（专家型、专业人员）来进行评估。如甘肃省政府曾委托兰州大学中国地方政府绩效评价中心对所辖市（州）政府和所属部门进行的绩效评价。

3.3　高新区公共治理绩效评价体系的构建

3.3.1　指标体系

高新区公共治理绩效评价的指标由经济发展指标、社会发展指标、资源与环境指标、能力建设指标、行政效果指标等五个一级指标组成，见表3-1。其中在社会发展指标中含有一些定性指标，这些指标的评价可以从新闻媒体、社会团体及园区居民等多种角度进行综合评价而得出。

表3-1　国家高新区公共治理绩效评价指标体系

级指标	二级指标	三级指标
社会发展A1	园区安全与稳定B11	安全生产死亡人数控制比率C111
		万人刑事案件发案率、破案率C112
		园区居民安全感C113
		每万人到市级以上机关的集体上访批次C114
	教育与卫生B12	教育经费占总收入的比重C121
		人均中小学教育的公共支出C122
		人均公共卫生财政经费支出C123
		园区居民健康状况C124

续表

一级指标	二级指标	三级指标
社会发展A1	社会保障 B13	基本养老保险覆盖率 C131
		基本医疗保险覆盖率 C132
		园区居民失业保险覆盖率 C133
		园区居民最低生活保障覆盖率 C134
	园区创新与文化 B14	园区居民文化娱乐消费支出比重 C141
		高新区管委会体制机制创新 C142
		高新区管委会管理创新、科技创新 C143
		创业创新氛围 C144
经济发展A2	经济规模与效率 B21	总收入(千元)C211
		人均总收入(千元/人)C212
		工业总产值(千元)C213
		全员劳动生产率(工业总产值/从业人数)C214
		出口创汇总额(千美元)C215
		人均出口创汇(千美元/人)C216
	利润与税收 B22	净利润(千元)C221
		人均净利润(千元/人)C222
		实际上缴税收总额(千元)C223
		人均税收总额(千元/人)C224
	资产与负债 B23	年末资产(千元)C231
		人均年末资产(千元/人)C232
		年末负债(千元)C233
		人均年末负债(千元/人)C234
	市场效率 B24	人均产品销售收入(千元/人)C241
		人均技术收入(千元/人)C242
		人均商品销售收入(千元/人)C243

续表

一级指标	二级指标	三级指标
资源与环境A3	人力资源 B31	年末从业人员 C311
		千人拥有的大专(含)学历以上从业人数 C312
		千人中高级职称人数 C313
		千人拥有的高技术服务业从业人数 C314
	科技企业孵化器 B32	百人孵化器在孵企业数 C321
		百人孵化器累计毕业企业数 C322
		人均累计投入孵化基金 C323
		人均年末固定资产净值 C324
	资源消耗 B33	万元产值综合能耗 C331
		单位增加值综合能耗 C332
		工业废水排放总量占工业总产值比重 C333
	基础设施 B34	人均基础设施投入(千元/人)C341
		人均公用设施投入(千元/人)C342
		每千人宽带接入数量 C343
	生态环境 B35	工业固体废弃物排放处理率 C351
		土地资源利用率 C352
		人均绿地面积 C353
		环境保护力度 C354
能力建设A4	R&D 活动 B41	R&D 费用(千元)C411
		人均 R&D 费用(千元/人)C412
		R&D 费用占工业总产值的比重 C413
	科技活动 B42	科技活动人员数 C421
		千人科技活动人员数 C422
		科技活动经费支出(千元)C423
		千人科技活动经费支出(千元)C424

续表

一级指标	二级指标	三级指标
能力建设A4	科技产出 B43	高新技术企业占企业总量比例(%)C431
		千人技术收入 C432
		万人国家级火炬计划项目数 C433
		万人“863”、“973”计划项目数 C434
	知识创造 B44	千人拥有发明专利累计授权数 C441
		千人当年重要知识产权授权数 C442
		千人拥有的商标数 C443
	管理能力 B45	学习与调研能力 C451
		公共服务能力 C452
		沟通协调能力 C453
		勤政廉洁能力 C454
行政效果A5	公众满意度 B51	企业对高新区管委会工作的满意度 C511
		园区居民对高新区管委会工作的满意度 C512
		社会团体对高新区管委会工作的满意度 C513
	管理透明度 B52	政务公开性/透明度 C521
		信息公开、传播渠道的数量与质量 C522
		推进电子政务建设程度 C523
	政策制定与执行 B53	园区环境保护措施的制定与落实 C531
		园区知识产权保护制度落实 C532
		园区企业优惠政策落实 C533
		决策的科学化与民主化程度 C534

指标说明：

C111 安全生产死亡人数控制比率：主要反映高新区在安全生产方面健全监察机制，完善安全生产管理体制，加强安全监察队伍建设，加大安全生产方面的投入等。

C112 万人刑事案件发案率、破案率：主要反映高新区社会治安、综合治理水平。

C113 园区居民安全感：主要反映高新区企业员工、街道及社区居民等社会安全水平。

C114 每万人到市级以上机关的集体上访批次：为高新区社会安全指数之一，批次以少为好。

C121 教育经费占总收入的比重：是衡量高新区教育现代化水平的重要参数，反映高新区对教育投资的努力程度。

C122 人均中小学教育的公共支出:根据中国统计年鉴规定,公共支出指国家财政性教育经费,包括国家财政预算内教育经费,各级政府征收用于教育的税费,企业办学校教育经费,校办产业、勤工俭学和社会服务收入用于教育的经费。该指标体现了区域人居软环境的状况,反映高新区所在城市对人才的吸引力,同时,基础教育能够反映高新区所在城市的发展后劲和知识创造的可持续性。

C123 人均公共卫生财政经费支出:反映园区居民获得卫生公共服务水平的高低。

C124 园区居民健康状况:居民健康状况指标指婴儿死亡率、五岁以下儿童死亡率、孕产妇死亡率;居民平均期望寿命指标;居民死亡率;急慢性传染病患病情况。

C131 基本养老保险覆盖率:反映高新区社会保障工作总体水平之一,以完成参保率的高低来说明社会保障工作进行比较的依据。

C132 基本医疗保险覆盖率:反映高新区社会保障工作总体水平之一,以完成参保率的高低来说明社会保障工作进行比较的依据。

C133 园区居民失业保险覆盖率:反映高新区社会保障工作总体水平之一,以完成失业保险参保率的高低来说明社会保障工作进行比较的依据。

C134 园区居民最低生活保障覆盖率:反映高新区社会保障工作总体水平之一,这一指标属于民政部门采集的范畴。因此,社会保险综合完成参保率=(基本养老保险完成参保率+基本医疗保险完成参保率+失业保险完成参保率+工伤保险完成参保率+生育保险保险完成参保率+最低生活保障覆盖率)/6。

C141 园区居民文化娱乐消费支出比重:反映高新区推进科技进步和建设两型社会力度,加快转变经济发展方式步伐。

C142 高新区管委会体制机制创新:反映高新区管理体制的科学性、有效性以及整体运行效率。

C143 高新区管委会管理创新、科技创新:反映高新区构建高效运行的园区管理体制,以管理创新推动科技创新水平。

C144 创业创新氛围:反映高新区创建适应高新技术产业发展的生态环境。

C211 总收入:反映高新区总的经济效益。

C212 人均总收入:反映高新区所在城市总收入的人均水平。

C213 工业总产值:反映一定时间内高新区工业生产总规模和总水平。

C214 全员劳动生产率:反映高新区平均每一个从业人员在单位时间内的产品生产量。

C215 出口创汇总额:反映高新区国际化的经济硬性指标。

C216 人均出口创汇:反映高新区平均每一个从业人员在单位时间内国际化的经济硬性指标。

C221 净利润:反映高新区企业的实际经营业绩,是企业获利能力的体现。

C222 人均净利润:反映高新区企业经营管理水平。

C223 实际上缴税收总额:反映高新区企业对国家和社会的贡献。

C224 人均税收总额：反映高新区企业对国家和社会的贡献，也反映了高新区创造价值的效率。

C231 年末资产：反映高新区总的资产规模。

C232 人均年末资产：反映高新区总的资产规模和经营管理水平。

C233 年末负债：反映高新区年末全部资产、负债和净资产的状况。

C234 人均年末负债：反映高新区年末全部资产状况和盈利能力。

C241 人均产品销售收入：反映高新区企业在销售产品、提供劳务等产生收入的能力。

C242 人均技术收入：反映高新区企业对技术的市场化应用程度以及知识和技术的转化能力。

C243 人均商品销售收入：反映高新区企业在销售商品、提供劳务等产生收入的能力。

C311 年末从业人员：反映高新区吸纳各类从业人员的能力。

C312 千人拥有的大专(含)学历以上从业人数：反映高新区企业员工的整体素质。

C313 千人高级职称人数：反映高新区人力资源的竞争力。

C314 千人高技术服务业从业人数：反映高新区高技术服务业的现状和发展高端产业的配套环境。

C321 百人孵化器在孵企业数：反映高新区吸纳创新创业的效果。

C322 百人孵化器累计毕业企业数：反映高新区产业化能力及为地方经济发展的作用。

C323 人均累计投入孵化基金：反映高新区吸引科技型企业的竞争力。

C324 人均年末固定资产净值：反映高新区培育科技型企业的能力。

C331 万元产值综合能耗：反映高新区企业的技术水平和社会环境责任。

C332 单位增加值综合能耗：反映高新区企业对资源的利用效率。

C333 工业废水排放总量占工业总产值比重：反映高新区适应资源综合运用和绿色制造的要求。

C341 人均基础设施投入：反映高新区优化投资发展环境、加快城市建设的力度。

C342 人均公用设施投入：反映高新区服务能力及综合竞争力水平。

C343 每千人宽带接入数量：从区域硬环境的角度反映高新区所在城市知识传播能力和信息化建设水平，体现对高新区发展的基础支持作用。

C351 工业固体废弃物排放处理率：反映高新区建设生态工业园区前后废物减量化程度。

C352 土地资源利用率：反映高新区资源配置和产业空间布局的状况，也间接反映了园区经济发展、基础设施配套和城市化发展水平。

C353 人均绿地面积：反映高新区绿色发展、建设生态园区的水平。

C354 环境保护力度：反映高新区可持续发展能力。

C411R&D 费用：反映高新区企业对创新的重视程度，也反映企业研发创新的实力。

C412 人均 R&D 费用：反映高新区企业对研发和技术创新的投入能力。

C413R&D 费用占工业总产值的比重：反映高新区企业对研发和技术创新的重视程度以及投入能力。

C421 科技活动人员数：主要衡量高新区从事知识传播、科学研究与技术开发的主要人员数量。

C422 千人科技活动人员数：反映高新区所在城市人员素质和科技人才密集程度。

C423 科技活动经费支出：反映高新区企业开展科学研究与试验发展、科学研究与试验发展成果应用、科技教育与培训及相关科技服务等全部科技活动的支出情况。

C424 千人科技活动经费支出：反映高新区全部从业人员的人均科技活动金额。

C431 高新技术企业占企业总量比例：从企业数量上反映高新区总体的技术含量和技术水平。

C432 千人技术收入：反映高新区企业知识和技术的转化能力。

C433 万人国家级火炬计划项目数：反映高新区培育高新技术产业、促进高新技术企业优化升级的能力。

C434 万人“863”、“973”计划项目数：反映高新区科技创新能力和产业化实力。

C441 千人拥有发明专利累计授权数：反映高新区知识产出的能力。

C442 千人当年重要知识产权授权数：反映高新区的知识产出的价值和自主创新能力。重要知识产权授权数指发明专利授权数和其他知识产权授权数。当年其他知识产权授权数是指在报告年度内获得批准，且所有权属于高新区企业的其他知识产权授权，包括计算机软件、集成电路布图设计、生物工程技术，遗传基因技术，植物新品种等。

C443 千人拥有的商标数：反映高新区知识转化为产品的能力和高新区整体的商业竞争力。

C451 学习与调研能力：反映高新区管理者的基本素质和能力。

C452 公共服务能力：反映高新区管理人员具备提供优质的公共服务产品以满足公共服务需求而具备的技能、技术和技巧。

C453 沟通协调能力：反映高新区管理人员具备妥善处理高新区企业外部和企业内部人际关系的能力。

C454 勤政廉洁能力：反映高新区管理人员勤政、廉政，为企业服务的素质与能力。

C511 企业对高新区管委会工作的满意度：企业对高新区管委会就改善投资环境、环境综合整治和维护、基础设施建设和管理、中小学教育管理、社会治安综合治理、促进就业和社会保障、依法行政和干部工作作风。分为满意、比较满意、不满意和不了解四种情况。

C512 园区居民对高新区管委会工作的满意度：园区居民对高新区管委会就改善投资环境、环境综合整治和维护、基础设施建设和管理、中小学教育管理、社会治安综合治理、促进就业和社会保障、依法行政和干部工作作风。分为满意、比较满意、不满意和不了解四种情况。

C513 社会团体对高新区管委会工作的满意度：社会团体对高新区管委会就改善投资环境、环境综合整治和维护、基础设施建设和管理、中小学教育管理、社会治安综合治理、促进就业和社会保障、依法行政和干部工作作风。分为满意、比较满意、不满意和不了解四种情况。

C521 政务公开/透明度：反映高新区行政许可（审批）、行政处罚、行政事业性收费、便民服务中心网上运行系统和电子监察系统等建设。

C522 信息公开、传播渠道的数量与质量：反映高新区权利公开透明运行，企事业单位公共事务办事公开。

C523 推进电子政务建设程度：反映高新区转变政府职能，改进管理方式，提高行政效率。

C531 园区环境保护措施的制定与落实：反映高新区可持续发展能力及人居环境的改善。

C532 园区知识产权保护制度落实：反映高新区营造科技创新环境，维护公平有序的市场环境，对科技创新的保护和激励作用。

C533 园区企业优惠政策落实：反映高新区加快集聚创新资源，提高自主创新能力。

C534 决策的科学化与民主化程度：反映高新区优化发展环境、展示自身形象、提升综合竞争力的程度。

3.3.2 确定评价指标的权重的方法

目前指标权重的代表性方法有特尔斐法（专家访谈法）、层次分析法、主成分分析法、人工神经网络法以及层次分析法与特尔斐法联合应用法等。其中影响较大、应用较多的仍为层次分析法。本书主要采用以下方法来确定权重。

1. 专家访谈法

“同行评议”的专家咨询方式，是科技评估活动中广泛使用的一种必要和有效的评估方式。通过对科技部火炬中心、研究高新区公共治理的专家、学者的访谈，了解他们对高新区公共治理绩效评估的建议。在高新区公共治理绩效评估中，专家访谈法仍然可以将它作为收集有关评估信息的一种基本方式。按照评估内容（指标）的要求，设计专家咨询意见表，选择符合条件要求的专家参与高新区公共治理绩效评估咨询。根据评估需要，可采用专家背靠背的通信方式或会议集中讨论、质询形式进行评估咨询，评估人员通过专家填写的咨询意见表或会议评估咨询意见收集相关评估信息。高新区公共治理绩效评估采用专家咨询方式，是确保获取评价信息的科学性和权威性的重要手段和有效途径。

2. 问卷调查方式

按高新区公共治理绩效评估内容的要求，有关社会发展、资源与环境、行政效果等评价信息，需要从高新区的服务对象和高新区的管理部门方面获取，采用问卷调查方式可比较全面地满足此类信息的收集要求。调查对象包括园区居民、园区企业和高新区的上级管理部门以及社会团体，根据评估信息收集要求，按照调查对象分别设计相应的调查问卷，由评估机构工作人员统一进行问卷的发放和回收。这种问卷调查方式收集评估信息的针对性和时效性较强，但需要得到被调查对象对评估的理解和配合。

3. 基于改进型层次分析法的权重

关于绩效评价的往往采用主观确定权重的方法，这些人一般是专家或领导，其实主观确定权重的做法，理论上缺乏科学性，对一个地方的绩效评估结果，难以服众，实践中也会挫伤一些部门的积极性，甚至产生负激励效果。美国运筹学家萨蒂(T. L. Saaty)教授于 20 世纪 70 年代提出的层次分析法(Analytical Hierarchy Process 简称 AHP)是综合定性、定量分析的决策方法，这种方法不仅能保证模型的系统性、合理性，而且能让决策者充分运用其有价值的经验及逻辑判断能力。运用层次分析法中计算权重值的方法，可减少盲目性，方便专家判断。在层次分析法中采用的 1—9 标度的方法，本质上未能回避“基数效用”规则。而采用“序数表决，基数统计”规则(袁政，2008)可以一定程度上改变这种局面。

下面对一级指标的权重确定步骤如下：

第一步，按要求填写下表。

A \ B	社会发展	经济发展	资源与环境	能力建设	行政效果
社会发展	M				
经济发展					
资源与环境					
能力建设					
行政效果					N

注：Ⅰ. 填答者对上述一级指标在绩效评估中的重要性排序。按“⇧”方向，如果您认为表中的 A 列的某因素优于 B 行的某因素，请用符号“＋”；如果 A 列的该因素劣于 B 行的对应因素，请用符号“－”；如果 A 列的某因素与 B 行的某因素同等重要，请用符号“＝”。

Ⅱ. 根据对称性，直线 MN 穿过的格子及该直线下方的格子不用填(避免发生所填两个对称格子的内容不一致)。

Ⅲ. 选择者必须坚持传递性的规则，即 X 因素优于 Y 因素，Y 因素优于 Z 因素，那么 X 因素优于 Z 因素；如果 X 因素与 Y 因素无差异，Y 因素与 Z 因素无差异，那么 X 因素与 Z 因素无差异。

第二步，将各专家所独立填写的两两比较评价表做统计汇总。

第三步，调查数据的处理与分析。

对指标 $A_i(i=1,2,3,4,5)$，当“优于”、“劣于”的票数相互抵消，或全部得票都是“等于”时（或优于、劣于净票数的百分比低于10%时），按如下对应：“优于”的净票数的百分比在11%～20%；21%～30%；31%～40%；41%～50%；51%～60%；61%～70%；71%～80%；81%～90%或以上时，分别对应2、3、4、5、6、7、8、9。

“劣于”的净票数的百分比在11%～20%；21%～30%；31%～40%；41%～50%；51%～60%；61%～70%；71%～80%；81%～90%或以上时，分别对应1/2、1/3、1/4、1/5、1/6、1/7、1/8、1/9。

第四步，得到改进方法后的成对比较矩阵。

第五步，回到层次分析法，计算上面矩阵的最大特征值并按要求进行一致性检验。

第六步，确定各因素的权重。

因素	社会发展	经济发展	资源与环境	能力建设	行政效果
权重(计算值)	a_1	a_2	a_3	a_4	a_5

经过进一步讨论、分析、研究，对各因素权重调整为：

因素	社会发展	经济发展	资源与环境	能力建设	行政效果
权重(计算值)	a_1'	a_2'	a_3'	a_4'	a_5'

对于二级指标、三级指标的权重可以类似地求出。以上所得结果是由各实际部门人员和研究专家、园区居民、社会团体等“集体投票（公共选择或民主决策）”，再加以讨论、分析、修订而决定的，各部门对这个“由大家自己参与确定”的权重都十分认同，而对过去所使用的由个别领导或个别专家确定权重的绩效评估方法而得出的结果，各部门都不服，绩效评估方案往往无法实际坚持下去。本书对绩效评估的指标权重，采用“群体决策”的思路，就是让高新区的领导、中层干部、专家等一起对绩效评估的权重进行科学合理的“价值判断”。

3.3.3 指标体系权重的确定

为了确定各级指标体系的权重，按照上面的改进层次分析法的方法，课题组制定了相关的调查问卷，见附件。通过对高新区主管部门、高新区从事具体管理工作的人员、相关研究专家等120余人的问卷调查，下面通过问卷综合分析一、二级指标的权重来加以说明。

1. 一级指标的权重

	社会发展	经济发展	资源与环境	能力建设	行政效果
社会发展	1				
经济发展	+26.51%	1			
资源与环境	+17.43%	−17.16%	1		
能力建设	+8.26%	−33.54%	+19.35%	1	
行政效果	−19.35%	−51.15%	−16.53%	−15.34%	1

按“优于”的净票数的百分比在11%～20%；21%～30%；31%～40%；41%～50%；51%～60%；61%～70%；71%～80%；81%～90%或以上时，分别对应2、3、4、5、6、7、8、9。“劣于”的净票数的百分比在11%～20%；21%～30%；31%～40%；41%～50%；51%～60%；61%～70%；71%～80%；81%～90%或以上时，分别对应1/2、1/3、1/4、1/5、1/6、1/7、1/8、1/9。可以得到两两比较的矩阵如下。

A \ B	社会发展	经济发展	资源与环境	能力建设	行政效果
社会发展	M	1/3	1/2	1	2
经济发展	3		2	4	6
资源与环境	2	1/2		1/2	2
能力建设	1	1/4	2		2
行政效果	1/2	1/6	1/2	1/2	N

回到层次分析法并通过一致性检验后，确定的各要素的权重为：

因素	社会发展	经济发展	资源与环境	能力建设	行政效果
权重（计算值）	0.173	0.363	0.182	0.213	0.069

经过相关专家、课题组成员的进一步讨论、分析，综合考虑各方面的情况，最后将各因素的权重调整为：

因素	社会发展	经济发展	资源与环境	能力建设	行政效果
权重(计算值)	0.17	0.35	0.18	0.20	0.10

2. 二级指标的权重

二级指标的权重采用上述类似的方法,分别得到如下的权重。

(1)社会发展

因素	园区安全与稳定	教育与卫生	社会保障	园区创新与文化
权重(计算值)	0.25	0.30	0.30	0.15

(2)经济发展

因素	经济规模与效率	利润与税收	资产与负债	市场效率
权重(计算值)	0.40	0.35	0.10	0.15

(3)资源与环境

因素	人力资源	科技企业孵化器	资源消耗	基础设施	生态环境
权重(计算值)	0.20	0.20	0.25	0.20	0.15

(4)能力建设

因素	R&D 活动	科技活动	科技产出	知识创造	管理能力
权重(计算值)	0.25	0.25	0.20	0.20	0.10

(5)行政效果

因素	公众满意度	管理透明度	政策制定与执行
权重(计算值)	0.40	0.30	0.30

三级指标的权重分析结果,在此省略,第四章中将直接给出。

3.3.4 定性评价指标标准值的确定

定性指标在评价时可通过对这些非计量指标设立评价参考标准将评价对象的各指标值转化为定量数值进行综合评价。定性指标评价参考标准是用来对高新区进行定性评价时所采用的评判标准，具体用于对评议指标进行综合分析和评定分数。评议参考标准与评议指标一一对应，将每项评议指标分解为具体的内容，通过详细的文字进行描述，规定每项指标各个级别的边界，指导评价人员（咨询专家）正确判断企业各项评议指标达到的水平。为了适应多目标分析判断的需要，评价标准值分别用优秀值（A）、良好值（B）、平均值（C）、较低值（D）和较差值（E）五个等级表示，对应的分数为 5、4、3、2、1。

3.4　高新区公共治理绩效评价的分析

关于高新区公共治理绩效评价的研究是一个全新的课题。西方学者对治理绩效的评价的研究，是伴随着绩效评价和公共事业市场化改革实践而兴起的，主要针对具体问题和现实案例，集中在公共事业管理和服务绩效的测量及市场化、社会化治理等方面。随着绩效评估的进行，许多学者看到了单纯效率评估的不足，英格拉姆（1998）指出，效率不是公共组织所追求的唯一目标，公共组织“正是通过不把效率置于至高无上的地位来立足于社会的”。国内学者卓越（2004，2007，2008）、吴建南（2005，2007，2008）、陈天祥（2005）、范柏乃（2005）、彭国甫（2004，2005，2007，2008）等对我国以及地方政府的绩效评价都作了详细的分析，得出了一些有益的结论。

目前国内对高新区公共治理绩效评价的研究成果还未见述及，现有文献多集中在开发区的经济效益评价或综合发展水平评价，另有部分学者研究了开发区企业绩效与技术绩效评价。李梦玲、赵希男（1995）从高新区的五大功能（集聚、孵化、辐射、开放和示范）出发，建立了高新区的工作指标体系。陈益力、欧阳资力（1996）将高新区看做一个科技产业社区环境系统，通过对高新区的功能分析、国情分析和国际经验分析，构建了一个涵盖经济、科技和环境等三方面的指标体系。张向先等（1997）提出高新区的基本功能是集聚功能、孵化功能、扩散功能、渗透功能、示范功能和波及功能，并建立基于这些基本功能的高新区评价指标体系。齐艺莹等（1999）以1992—1996 年高新区统计数据为依据，运用主成分分析法及序时多决策法，对沿海与内陆高新区的经济效益进行了比较研究。刘希宋等(2003)从园区创新能力、园区创新环境、园区经济发展绩效、对地区经济增长的贡献以及国际化程度等方面评价了高新区的竞争力。范柏乃(2003)从技术创新投入、技术创新活动过程和技术创新产品等三个方面对高新区的技术创新能力。张霞、王雪林(2006)从人力资本力、人力资源环境吸引力、人力资源政策激励力、人力资源投资竞争力、人力资源绩效彰显力等方面构建了我国高新区国际竞争力评价指标体系。范柏乃、房定坚(2004)从法规政策、创业文化、社会信用、行政管理、人力资源和市场条件等六个层面构建了一个包含了目标层、准则层和指标层的国家高新区投资软环境评价系统。刘军、姚佐文(2009)从创新投入与创新产出两个方面选取高新区创新绩效的评价指标体系，并对中部地区的 9 个国家高新区进行了实证分析。姜彩楼、徐康宁(2009)从区位条件和中央政策对高新区的绩效之间的关系进行了检验。

对高新区公共治理绩效的评价不仅要关注高新区经济方面的问题，必须同时考虑高新区的社会发展以及可持续发展等问题。各级地方党委、政府既要把高新区作为重点培育的一个点，又要兼顾整体发展战略，发挥出高新区在地方经济发展整体进程中的带动作用。要综合考虑高新区的产业集聚与产业辐射、经济发展质与量、发展产业与自主创新以及经济指标与科技指标之间的关系，同时进一步完善生态城市功能，提升高新区的竞争力，促进高新区的和谐稳定。

本章上面提出的科学性与可行性相结合、定性与定量相结合、过程目标与结果目标相结合、经济效益与社会效益相结合、管理与服务相结合的绩效评价原则，以及从社会评价、政府内部评价和独立评价相结合的评价主体等基本思想具有一定的参考价值。同时利用专家访谈、问卷调查及基于改进型层次分析法相结合方法确定指标体系的权重在一定程度上可以减少主观成分。但是文中构建的指标体系定性部分还是多了一些，有些指标还值得商榷，在第四章将针对我国 56 个国家级高新区公共治理的绩效评价进行实证分析，进而对我国各类高新区公共治理现状、所处的发展阶段及存在的矛盾和问题进行分析。

第四章　我国高新区公共治理绩效评价的实证分析

4.1　高新区公共治理绩效评价的综合模糊评价方法

常用的评价方法有标准值综合测评法、人工神经网络法、EDA方法、模糊综合评价法等，其中EDA方法可以单独评价高新区的运行效率，如从投入产出的角度入手。高新区公共治理绩效评价是定性与定量相结合的综合评价，我们可以构建基于改进型层次分析法与模糊综合评价法相结合的集成方法。在评价指标体系按分层递阶层次结构下，运用改进型层次分析法确定各指标的权重，然后分层次进行模糊综合评判，最后综合出总的评价结果。

4.1.1　模糊综合评价理论的基本思想与特点

模糊综合评价法是一种基于模糊数学的综合评价方法，最早由我国学者汪培庄提出。模糊综合评价方法的基本思想是在确定评价因素、因子的评价等级标准和权值的基础上，运用模糊集合变换原理，以隶属度描述各因素及因子的模糊界线，构造模糊评判矩阵，通过多层的复合运算，最终确定评价对象所属等级。

模糊综合评价法有单层次的模糊评价和多层次的模糊评价。单层次模糊综合评价是多层次综合模糊评价的基础，即首先是对最低层的诸项指标进行模糊综合评价，再对较高层次的诸项进行模糊综合评价，直到对最顶级指标进行模糊综合评价为止。如果有多类的评价等级，那么就综合评价结果，利用加权平均的方法，就可得到最后的定量评价结果。

模糊综合评价法的显著特点是：

第一，相互比较。以最优的评价因素值为基准，其评价值为1；其余欠优的评价因素依据欠优的程度得到相应的评价值。

第二，可以依据各类评价因素的特征，确定评价值与评价因素值之间的函数关系(即隶属度函数)。确定这种函数关系有很多种方法，例如，F统计方法，各种类型的F分布等。当然，也可以请有经验的评审专家进行评价，直接给出评价值。

4.1.2 模糊综合评价的数学模型

在单层次的模糊评价中，设因素 $U=(U_1,U_2,\cdots,U_n)$，U_i 表示被考虑的因素，评语集 $V=(V_1,V_2,\cdots,V_m)$，V_j 表示评判的结果。因素集 U 上的模糊子集 $A=(a_1,a_2,\cdots,a_n)$ 叫做权数分配，$a_i(0\leqslant a_i\leqslant 1)$ 为因素 U_i 被考虑的权数。U 的任一指标 U_i 对于 V 中的每一种评价的隶属度组成了 V 上的模糊子集，记为 $R(U)=(r_{i1},r_{i2},\cdots,r_{im})$。对于每一指标 $U_i(i=1,2,\cdots,n)$ 都求出对应的 R_j，就构成了一个 $U\times V$ 上的模糊矩阵 R，即

$$R=\{r_{ij}\mid i=1,2,\cdots,n;j=1,2,\cdots,m\}$$

这样，当权数分配 A 和变换矩阵 R 已知时，应用模糊矩阵的复合运算即可进行综合评判，从而得到模糊综合评判的单因素评价模型

$$B(b_1,b_2,\cdots,b_m)=A\circ R$$

其中

$$b_j=\bigvee_{i=1}^{n}(a_i\wedge r_{ij})\qquad 0\leqslant b_j\leqslant 1$$

通过对因素集的分层划分，可将上述单因素评价模型扩展为多层次模糊综合评判模型。单因素模型应用在多层因素上，即每一层的评价结果又是上一层评价的输入，直到最上层为止。在本章算例中对因素集 $U=(U_1,U_2,\cdots,U_n)$ 作一次划分 p 时，可得到二层次模糊综合评判模型。其算式为

$$B_{综} = A \circ R = A \circ \begin{bmatrix} \underset{\sim}{A_1} \circ \underset{\sim}{R_1} \\ \underset{\sim}{A_2} \circ \underset{\sim}{R_2} \\ \vdots \\ \underset{\sim}{A_n} \circ \underset{\sim}{R_n} \end{bmatrix}$$

式中 A 为$U/P=(U_1,U_2,\cdots,U_n)$中的 n 个因素 Ui 的权数分配；Ai 为 $U_i=(u_{i1},u_{i2},\cdots,u_{ik})$中 k 个因素的权数分配；R 和 Ri 分别为 U/P 和 Ui 的综合评判的变换矩阵。$B_{综}$ 则为 U/P 同时也为 U 的综合评判结果。

对 B 进行“归一化”处理，即得 $B^*=(b_1^*,b_2^*,\cdots,b_m^*)$，其中 $b_j^*=\dfrac{b_j}{b_1+b_2+\cdots+b_m}$，$(j=1,2,\cdots,m)$

根据加权平均原则，结合等级得分，得到定量指标值，即可判断所属等级。

4.1.3　模糊综合评价的步骤

由于对高新区公共治理的绩效评价指标有的是定量的，但也有很多定性的，难以准确度量，具有模糊性的特点，适宜于使用模糊的方法进行评价，依据上述的评价指标体系建立评价模型。其步骤如下。

1. 确定评价对象的因素论域

P 个评价指标，$u=\{u_1,u_2,\cdots,u_p\}$。

2. 确定评语等级论域

$v=\{v_1,v_2,\cdots,v_p\}$，即等级集合。每一个等级可对应一个模糊子集。

3. 建立模糊关系矩阵 R

在构造了等级模糊子集后，要逐个对被评事物从每个因素 u_i $(i=1,2,\cdots,p)$上进行量化，即确定从单因素来看被评事物对等级模糊子集的隶属度$(R|u_i)$，进而得到模糊关系矩阵：

$$R=\begin{bmatrix} R| & u_1 \\ R| & u_2 \\ \vdots & \\ R| & u_p \end{bmatrix}=\begin{bmatrix} r_{11} & r_{12} & \cdots & r_{1m} \\ r_{21} & r_{22} & \cdots & r_{2m} \\ \vdots & \vdots & \cdots & \vdots \\ r_{p1} & r_{p2} & \cdots & r_{pm} \end{bmatrix}_{p.m}$$

矩阵 R 中第 i 行第 j 列元素 r_{ij}，表示某个被评事物从因素 u_i 来看对 v_j 等级模糊子集的隶属度。一个被评事物在某个因素 u_i 方面的表现，是通过模糊向量 $(R|u_i)=(r_{i1},r_{i2},\cdots,r_{im})$ 来刻画的，而在其他评价方法中多是由一个指标实际值来刻画的，因此，从这个角度讲模糊综合评价要求更多的信息。

4. 确定评价因素的权向量

在模糊综合评价中，确定评价因素的权向量：$A=(a_1,a_2,\cdots,a_p)$。

5. 合成模糊综合评价结果向量

利用合适的算子将 A 与各被评事物的 R 进行合成，得到各被评事物的模糊综合评价结果向量 B。即：

$$A\circ R=(a_1,a_2,\cdots,a_p)\begin{bmatrix} r_{11} & r_{12} & \cdots & r_{1m} \\ r_{21} & r_{22} & \cdots & r_{2m} \\ \vdots & \vdots & \cdots & \vdots \\ r_{p1} & r_{p2} & \cdots & r_{pm} \end{bmatrix}=(b_1,b_2,\cdots,b_m)=B$$

其中 b_1 是由 A 与 R 的第 j 列运算得到的，它表示被评事物从整体上看对 v_j 等级模糊子集的隶属程度。

6. 对模糊综合评价结果向量进行分析

实际中最常用的方法是最大隶属度原则，但在某些情况下使用会有些勉强，损失信息很多，甚至得出不合理的评价结果。提出使用加权平均求隶属等级的方法，对于多个被评事物并可以依据其等级位置进行排序。

4.1.4 模糊综合评价模型的合成运算分析

对于模糊综合评价模型 $B=A\circ R=(b_1,b_2,\cdots,b_m)$，其中记合成运算$\circ$为：

$$b_j=\bigvee_{k=1}^{n}(*w_k\wedge *r_{kj})$$

简记此综合评价模型为 $M(\wedge *, \vee *)$，虽然计算 b_j 的算子 $(\wedge *, \vee *)$ 的选择很重要，不同的算子适应于解决不同的实际问题，通常可以分为以下四种类型：

模型Ⅰ　主因素决定型 $M(\wedge, \vee)$：即 $b_j = \bigvee_{k=1}^{n}(w_k \wedge r_{kj})$，其中"$\vee$"称为模糊并，表示取比较元素间的极大值，"$\wedge$"称为模糊积，表示取比较元素间的极小值。

模型Ⅱ　加权平均型 $M(\cdot, +)$：即 $b_j = \sum_{k=1}^{n}(w_k \cdot r_{kj})$，兼顾考虑了整体因素，其中"$\cdot$，$+$"为普通积和普通和。

模型Ⅲ　主因素突出Ⅰ型 $M(\cdot, \vee)$：即 $b_j = \bigvee_{k=1}^{n}(w_k \cdot r_{kj})$，此模型兼顾了所有因素。

模型Ⅳ　主因素突出Ⅱ型 $M(\wedge, \oplus)$：即 $b_j = \bigoplus_{k=1}^{n}(w_k \wedge r_{kj})$，这里的运算 $\oplus$ 为模糊有界和，即 $a \oplus b = min(1, a+b)$。

4.2　高新区公共治理绩效评价的实证分析

绩效评价在高新区公共治理中的应用有着特殊的内涵和要求，同时具有重要价值，绩效评价成为推进高新区公共管理部门深入改革、提高绩效的重要策略和工具。作者在调研 2009 年前公布的 56 个国家级高新技术产业开发区的情况下，应用上一章建立的高新技术产业开发区公共治理绩效评价的指标体系进行定量化实证分析。

4.2.1　指标数据来源

评价指标的数据主要来自于 2008—2010 年的《中国火炬统计年鉴》、《国家高新技术产业开发区综合发展与数据分析报告(2009)》、2004—2010 年《中国开发区年鉴》等统计文献，部分指标通过换算得到。数据采集工作由本书作者指定专人负责，最大限度保证了评价数据的完整性、可靠性和有效性。

4.2.2　评价指标的标准化

高新区公共治理绩效评价是多指标的评价，既有定性的又有定量的，定量指标中既有总量指标又有相对指标，指标涉及范围广，各个指标间没有统一的度量标准，难以进行比较和取舍。因此，在进行综合评价之前，需要采取某一标准变换方法将各指标属性值统一变换到[0,1]范围内，及对评价指标属性值进行无量纲化。由于评价指标的类型往往不同，因此，各指标转化成评价值的方法也不同。

评价指标通常有成本型：即指标越小越好，效益型：即越大越好，适中型：既不能太大也不能太小。本书关于高新区公共治理绩效评价的指标主要涉及的有成本型和效益型，由于各高新区的规模大小差别较大，在比较它们之间的绩效时，对于总量指标采用改进的成本型和效益型指标。下面给出成本型、效益型及其改进型的无量纲化标准函数，$r_i \in [0,1]$，其中 $x_{i\max}$ 和 $x_{i\min}$ 分别为评价指标值域中的最大值和最小值，α 的值介于 0－1 之间，视其研究的具体问题确定某一个数值。

1. 成本型指标无量纲化的标准函数

$$r_i=\begin{cases}0 & x_i \geqslant x_{i\max} \\ \dfrac{x_{i\max}-x_i}{x_{i\max}-x_{i\min}} & x_{i\min} \leqslant x_i \leqslant x_{i\max} \\ 1 & x_i \leqslant x_{i\min}\end{cases} \tag{4.1}$$

2. 效益型指标无量纲化的标准函数

$$r_i=\begin{cases}1 & x_i \geqslant x_{i\max} \\ \dfrac{x_i-x_{i\min}}{x_{i\max}-x_{i\min}} & x_{i\min} \leqslant x_i \leqslant x_{i\max} \\ 0 & x_i \leqslant x_{i\min}\end{cases} \tag{4.2}$$

3. 改进的成本型指标无量纲化的标准函数

$$r_i=\begin{cases}0 & x_i \geqslant x_{i\max} \\ \alpha+\dfrac{x_{i\max}-x_i}{x_{i\max}-x_{i\min}}(1-\alpha) & x_{i\min} \leqslant x_i \leqslant x_{i\max} \\ 1 & x_i \leqslant x_{i\min}\end{cases} \tag{4.3}$$

4. 改进的效益型指标无量纲化的标准函数

$$r_i=\begin{cases}1 & x_i\geqslant x_{i\max}\\ \alpha+\dfrac{x_i-x_{i\min}}{x_{i\max}-x_{i\min}}(1-\alpha) & x_{i\min}\leqslant x_i\leqslant x_{i\max}\\ 0 & x_i\leqslant x_{i\min}\end{cases} \tag{4.4}$$

4.2.3　指标数据的计算及其结果

1. 定性指标分析

高新区公共治理绩效评价指标中有一些是属于定性指标，如社会发展中的园区创新与文化 B14、能力建设中的管理能力 B45 以及行政效果中的管理透明度 B52 和政策制定与执行 B53 等二级指标，另外一些指标如社会发展中的 B11、B12、B13，资源与环境中的 B34、

B35 以及行政效果中的 B51 等二级指标，虽然也是定量指标，由于数据收集困难(有些是目前还没有统计口径，有些是本书作者难以收集)，故本次评价时也作为定性指标来对待，总的权重约占 35.3%。

本次高新区公共治理绩效评价定性指标采用专家打分法。每位专家通过对各高新区调研的成果，综合各方面因素如网站、宣传报道、公共事件等给每个高新区对二级指标打分，最高 5 分，最低 1 分，精确到一位小数。对于定性指标的分析结果，采取算术加权平均法计算总分，再做排名，在综合评价中，则利用模糊评价法，将每一个二级指标的分值作无量纲标准化到[0,1]区间中，与定量指标一道计算。56 个高新区按二级指标中的定性指标专家打分情况见表 4-1。

表 4-1　高新区评价指标中按二级指标专家打分情况汇总

高新区	园区安全与稳定	教育与卫生	社会保障	园区创新与文化	公众满意度	管理透明度	政策制定与执行	基础设施	生态环境	管理能力	总得分
北京	4.7714	4.7857	4.7000	4.8429	4.6857	4.7429	4.7571	4.7000	4.6143	4.7571	1.6714
天津	4.5857	4.6429	4.5857	4.7000	4.5857	4.6286	4.6571	4.6143	4.5857	4.6286	1.6299
石家庄	3.9286	3.9857	3.9000	3.8857	3.8143	3.9000	3.9000	3.8286	3.8143	3.8571	1.3728

续表

高新区	园区安全与稳定	教育与卫生	社会保障	园区创新与文化	公众满意度	管理透明度	政策制定与执行	基础设施	生态环境	管理能力	总得分
保定	3.6143	3.6000	3.6429	3.5714	3.6000	3.5571	3.5143	3.5143	3.5571	3.5286	1.2633
太原	3.8143	3.8571	3.8000	3.8286	3.8000	3.9000	3.8429	3.7000	3.7571	3.8429	1.3460
包头	3.7857	3.6143	3.6714	3.6429	3.8143	3.8143	3.7143	3.6857	3.6571	3.6714	1.3086
沈阳	4.1143	4.3000	4.2571	4.3286	4.3000	4.3000	4.3000	4.3000	4.1714	4.3143	1.5054
大连	4.2714	4.2857	4.3143	4.3286	4.3571	4.3429	4.3143	4.3714	4.3286	4.3571	1.5259
鞍山	3.6000	3.5571	3.5000	3.6286	3.5714	3.5286	3.5571	3.7571	3.5429	3.7286	1.2664
长春	4.2286	4.2000	4.2429	4.3571	4.2857	4.3143	4.2571	4.2714	4.2429	4.2286	1.5029
吉林	3.8286	3.8000	3.7857	3.8714	3.8571	3.9000	3.7857	3.8714	3.8000	3.7857	1.3509
哈尔滨	3.8714	3.8286	3.8143	3.9571	3.9571	3.9429	3.8143	3.9000	3.8571	3.9143	1.3691
大庆	3.7286	3.6857	3.7857	3.8571	3.8143	3.8000	3.6571	3.7429	3.7571	3.7571	1.3255
上海	4.6857	4.7714	4.7286	4.8143	4.7143	4.7629	4.8143	4.7143	4.6857	4.7714	1.6740
南京	4.1429	4.2571	4.1286	4.2429	4.1714	4.1571	4.2286	4.1714	4.1571	4.2286	1.4774
常州	3.9286	3.8714	3.9286	3.9000	3.8286	3.9286	3.9286	3.9571	3.8857	3.8714	1.3779
无锡	4.2857	4.2000	4.2286	4.3286	4.2714	4.2857	4.2286	4.2714	4.3143	4.2429	1.5038
苏州	4.6286	4.6143	4.6000	4.5714	4.5000	4.5714	4.5000	4.5429	4.4571	4.5857	1.6110
泰州	3.6000	3.4571	3.5429	3.6000	3.5571	3.5286	3.6000	3.7286	3.5714	3.5857	1.2603
杭州	4.5143	4.5714	4.5000	4.5857	4.5000	4.5857	4.4714	4.5571	4.4571	4.5429	1.5984
宁波	4.2857	4.1571	4.2857	4.3143	4.3000	4.3000	4.3429	4.3143	4.3571	4.3143	1.5133
合肥	4.0571	4.0714	4.0571	4.1000	4.1000	4.0857	4.0429	4.0714	4.1000	4.1143	1.4390
福州	3.8857	3.9571	3.9000	3.9714	3.8429	3.8857	3.9286	3.8857	3.8571	3.9143	1.3776
厦门	4.2571	4.3286	4.3429	4.2857	4.2571	4.3000	4.2286	4.2571	4.3143	4.3143	1.5146
南昌	3.7286	3.7571	3.7000	3.7857	3.7000	3.7429	3.7000	3.8714	3.7571	3.7286	1.3220
济南	4.1857	4.2714	4.0857	4.1857	4.1714	4.1143	4.2000	4.2000	4.2286	4.0857	1.4742
青岛	4.3286	4.2571	4.2571	4.4000	4.3143	4.2429	4.3000	4.3000	4.3143	4.2429	1.5154
淄博	3.6857	3.5714	3.6286	3.6571	3.5857	3.6000	3.7286	3.6857	3.7000	3.6143	1.2853
潍坊	3.8143	3.7500	3.7429	3.7000	3.8000	3.7571	3.7571	3.7429	3.7143	3.7000	1.3251

续表

高新区	园区安全与稳定	教育与卫生	社会保障	园区创新与文化	公众满意度	管理透明度	政策制定与执行	基础设施	生态环境	管理能力	总得分
威海	4.0714	4.0429	4.0714	4.0286	4.1000	4.0571	4.0571	4.0571	4.0857	4.0429	1.4343
郑州	4.0429	4.0429	4.0143	4.1143	4.0714	4.0714	4.0571	4.1143	4.0571	4.1000	1.4340
洛阳	3.7429	3.6857	3.7000	3.7429	3.7143	3.6857	3.7714	3.7429	3.7000	3.6714	1.3115
武汉	4.6286	4.6857	4.6286	4.7143	4.6143	4.7000	4.6857	4.6286	4.5571	4.5714	1.6392
襄樊	3.5286	3.4429	3.4857	3.5286	3.5429	3.5571	3.5429	3.5429	3.4571	3.4857	1.2386
长沙	4.2286	4.2429	4.2143	4.2286	4.2286	4.2429	4.2286	4.2286	4.1714	4.1286	1.4896
株洲	3.8286	3.7714	3.8571	3.8143	3.8000	3.8143	3.8286	3.8429	3.8714	3.8000	1.3492
湘潭	3.6429	3.7571	3.6714	3.7286	3.6143	3.6857	3.7286	3.7286	3.7571	3.8143	1.3077
广州	4.5857	4.5857	4.5429	4.6286	4.5857	4.6286	4.5857	4.6286	4.6000	4.6000	1.6212
深圳	4.5857	4.6143	4.5857	4.6571	4.6143	4.6286	4.6571	4.7000	4.6286	4.5571	1.6313
珠海	3.1857	3.0714	3.1571	3.1714	3.1571	3.1571	3.1857	3.0714	3.1286	3.0571	1.1067
惠州	3.4286	3.4571	3.4571	3.4571	3.3714	3.4571	3.4143	3.4000	3.5143	3.4571	1.2139
中山	4.2286	4.2143	4.2429	4.2429	4.1571	4.1714	4.2857	4.2571	4.1714	4.2000	1.4891
佛山	3.9000	3.8143	3.9571	3.8714	3.8429	3.8857	3.8857	3.8714	3.8714	3.9286	1.3701
南宁	3.7286	3.7571	3.7000	3.7857	3.7000	3.7429	3.7000	3.8714	3.7571	3.7286	1.3220
桂林	3.3429	3.3143	3.3429	3.3571	3.3143	3.4286	3.4000	3.3714	3.4143	3.3571	1.1853
海南	2.8714	2.9429	2.9571	2.9286	2.8714	2.9714	3.0000	2.9000	2.9571	2.9429	1.0347
成都	4.5286	4.6571	4.5857	4.5286	4.5143	4.5286	4.6143	4.6143	4.5571	4.6286	1.6159
重庆	4.1429	4.2143	4.2143	4.1857	4.1571	4.1714	4.1571	4.1429	4.1857	4.2429	1.4758
绵阳	4.1244	4.2571	4.1286	4.1365	3.8429	3.8857	3.9286	3.8857	3.8571	3.9143	1.4034
贵阳	3.2571	3.3286	3.2000	3.1857	3.1429	3.2143	3.1857	3.1714	3.3571	3.2286	1.1397
昆明	3.8429	3.8857	3.8143	3.7143	3.6571	3.6857	3.7429	3.7429	3.9000	3.7000	1.3339
西安	4.6714	4.5714	4.6143	4.5571	4.6000	4.5857	4.6286	4.5714	4.5000	4.6571	1.6229
宝鸡	3.5286	3.3714	3.4857	3.4314	3.4714	3.5143	3.5143	3.4714	3.5429	3.5714	1.2290
杨凌	4.0571	4.0600	4.0571	4.1023	4.1000	4.0857	4.0323	4.0714	4.1045	4.1133	1.4209
兰州	3.4429	3.4429	3.4000	3.3143	3.3143	3.3714	3.3286	3.3000	3.3714	3.3000	1.1892
乌鲁木齐	3.2714	3.3429	3.3000	3.2429	3.2143	3.2571	3.2429	3.2429	3.3857	3.2571	1.1574

以下是按权重 35.3%计算的打分，如上海高新区的得分为 1.6740，换算成 100%，即为 4.7422，约占满分 5 分的 94.84%，这说明专家对上海高新区在定性指标上的打分还是较高的。56 个高新区定性指标的得分及排名见表 4-2。

表 4-2 56 个高新区定性指标得分及排名

高新区	得分	排名	高新区	得分	排名	高新区	得分	排名
上海	1.6740	1	南京	1.4774	20	南昌	1.3220	39
北京	1.6714	2	重庆	1.4758	21	南宁	1.3220	40
武汉	1.6392	3	济南	1.4742	22	洛阳	1.3115	41
深圳	1.6313	4	合肥	1.4390	23	包头	1.3086	42
天津	1.6299	5	威海	1.4343	24	湘潭	1.3077	43
西安	1.6229	6	郑州	1.4340	25	淄博	1.2853	44
广州	1.6212	7	杨凌	1.4209	26	鞍山	1.2664	45
成都	1.6159	8	绵阳	1.4034	27	保定	1.2633	46
苏州	1.6110	9	常州	1.3779	28	泰州	1.2603	47
杭州	1.5984	10	福州	1.3776	29	襄樊	1.2386	48
大连	1.5259	11	石家庄	1.3728	30	宝鸡	1.2290	49
青岛	1.5154	12	佛山	1.3701	31	惠州	1.2139	50
厦门	1.5146	13	哈尔滨	1.3691	32	兰州	1.1892	51
宁波	1.5133	14	吉林	1.3509	33	桂林	1.1853	52
沈阳	1.5054	15	株洲	1.3492	34	乌鲁木齐	1.1574	53
无锡	1.5038	16	太原	1.3460	35	贵阳	1.1397	54
长春	1.5029	17	昆明	1.3339	36	珠海	1.1067	55
长沙	1.4896	18	大庆	1.3255	37	海南	1.0347	56
中山	1.4891	19	潍坊	1.3251	38			

从以上分析我们可以看到，上海、北京、武汉、深圳、天津、西安、广州、成都、苏州、杭州位列前十位，兰州、桂林、乌鲁木齐、贵阳、珠海、海南等六个高新区位于后六位，当然这里的评价带有主观成分，仅供参考。

2. 定量指标分析

(1)经济发展

①总体情况

全球金融危机爆发后的第一年,56 家高新区经受住了“投资减少、出口遇阻”的考验,无论是经济规模、经济增长,还是经济质量、经济效率,都表现出良好的发展势头。

第一,经济规模优势凸显。2009 年,56 家高新区营业总收入突破 7 万亿元,达到 78706.9 亿元,工业增加值达到 15416.7 亿元,经济规模优势凸显。据对高新区 53692 家企业统计,年末从业人员达 815.3 万人;实现工业总产值 61151.4 亿元;实现工业销售产值 58593.8 亿元;实现净利润 4465.4 亿元;上缴税额 3994.6 亿元;高新区进出口总额 3938.8 亿美元,其中出口创汇 2007.2 亿美元,占到进出口总额的 51%。

第二,经济增长态势喜人。2009 年,高新区各主要经济指标增长情况如下:营业总收入增长 19.3%,有 23 家高新区超过平均增长幅度;工业销售产值增长 16.3%;工业总产值增长 16.1%,有 24 家高新区超过平均增长幅度;工业增加值增长 23.3%,增幅高出上年同期 6.3 个百分点;净利润增长 35.1%,增幅高出上年同期 30.6 个百分点,有 48 家高新区呈现增长态势;上缴税额增长 24.9%,增幅高出上年同期 2.9 个百分点;虽然出口创汇略有下降(—0.4%),但出口创汇占全国外贸出口(12017 亿美元)的比重达到 16.7%,高出上年同期 2.6 个百分点。自 1992 年以来,高新区的营业总收入、工业总产值、实现利润、上缴税额、出口创汇五项经济指标的年均增长率分别为 40.9%、40.6%、36.0%、42.3%和 44.0%。

第三,经济质量稳中有升。工业增加值是经济质量的重要指标。2009 年,56 家高新区实现工业增加值 15416.7 亿元,比上年同期增加 2909.7 亿元,同比增长 23.3%,增速高出同期全国第二产业增加值(9.5%)13.8 个百分点,占全国第二产业增加值的 9.8%。56 家高新区中,工业增加值增长率超过 20%的高新区有 28 家。另外,高新区园区生产总值(GDP)已达到 23116.5 亿元,比上年增加 2072.6 亿元,占全国国内生产总值(335353 亿元)比重达 7.0%。

第四,经济效率持续走高。2009 年,高新区企业人均创造价值的能力继续得到提升。当年,高新区企业人均营业总收入达 100.3 万元/人,比上年高 7.2 万元;人均工业总产值 78 万元/人;人均工业增加值 20 万元/人;人均净利润 5.7 万元/人;人均上缴税额 5.1 万元/人;人均出口创汇 2.6 万美元/人。与 2008 年相比,除人均出口创汇略低于上一年 0.2 个百分点以外,其他各项人均指标均高于 2008 年度数值。

第五,技术收入结构优化。2009 年,国家高新区企业各种技术性收入达到 5920.4 亿元,占到营业总收入的 7.5%,其中,企业进行的技术转让收入为 168.7 亿元,占技术性收入总额 2.8%;技术承包收入 780.9 亿元,占技术性收入总额 13.2%;技术咨询收入 3357 亿元,占技术性收入总额 56.7%;技术委托收入 257.9 亿元,占技术性收入总额 4.4%。从以上四类收入中可以看出企业用于技术咨询收入最高,占到技术性收入 1/2 以上的份额。

②具体指标计算

高新区公共治理绩效评价的经济发展一级指标中共设置了经济规模与效率 B21、利润与税收 B22、资产与负债 B23、市场效率 B24 四个二级指标。由于强调绩效评价,指标中特别强调了人均指标的使用,对于总量指标在归一化标准函数时,如总收入、工业总产值、出口创汇总额、净利润、实际上缴税收总额等采用改进的效益型指标无量纲化的标准函数(4.4),对于年末负债等则采用改进的成本型指标无量纲化的标准函数(4.3),为便于归一化运算,公式中的 α 取 0.5。下面先计算每个二级指标。

第一,经济规模与效率。二级指标经济规模与效率下设三级指标总收入(千元)C211、工业总产值(千元)C213、出口创汇总额(千美元)C215,以上数据见《2010 年中国火炬统计年鉴》,下同,并计算出人均总收入(千元/人)C212,全员劳动生产率(工业总产值/从业人数)C214、人均出口创汇(千美元/人)C216,下面对相关指标进行无量纲化,见表 4-3。

表 4-3 经济规模与效率相关指标无量纲化结果

高新区	总收入	人均总收入	工业总产值	全员劳动生产率	出口创汇总额	人均出口创汇
北京	1.0000	0.5686	1.0000	0.0479	0.9850	0.1977
天津	0.5870	0.4000	0.6835	0.2196	0.5801	0.1444
石家庄	0.5333	0.5510	0.5829	0.4087	0.5101	0.0582

续表

高新区	总收入	人均总收入	工业总产值	全员劳动生产率	出口创汇总额	人均出口创汇
保定	0.5174	0.3639	0.5608	0.4233	0.5365	0.2950
太原	0.5389	0.4862	0.6123	0.4464	0.5027	0.0098
包头	0.5323	0.3272	0.6063	0.3671	0.5111	0.0444
沈阳	0.5553	0.5802	0.6422	0.4578	0.5344	0.1253
大连	0.5495	0.2641	0.6175	0.1673	0.5898	0.2246
鞍山	0.5284	0.4335	0.5811	0.3865	0.5049	0.0271
长春	0.5725	1.0000	0.7235	1.0000	0.5108	0.0440
吉林	0.5332	0.3646	0.6018	0.3663	0.5074	0.0299
哈尔滨	0.5362	0.3489	0.6049	0.3223	0.5065	0.0221
大庆	0.5266	0.3608	0.5819	0.3606	0.5006	0.0016
上海	0.6855	0.8351	0.9012	0.5338	1.0000	0.7559
南京	0.5897	0.8547	0.7665	0.8226	0.6366	0.4275
常州	0.5439	0.3280	0.6402	0.3564	0.5779	0.2480
无锡	0.5942	0.4109	0.7966	0.4382	0.8601	0.6382
苏州	0.5746	0.3071	0.7186	0.2955	0.8997	0.7477
泰州	0.5109	0.5691	0.5388	0.6270	0.5113	0.1975
杭州	0.5582	0.2950	0.6107	0.1145	0.5867	0.1961
宁波	0.5334	0.5351	0.5778	0.3595	0.6054	0.6024
合肥	0.5387	0.4059	0.6236	0.4326	0.5215	0.0855
福州	0.5131	0.2208	0.5449	0.2560	0.5393	0.3072
厦门	0.5346	0.5138	0.6062	0.5109	0.6856	1.0000
南昌	0.5230	0.3261	0.5700	0.3181	0.5132	0.0766
济南	0.5437	0.4412	0.6020	0.2925	0.5340	0.1286
青岛	0.5367	0.8356	0.5947	0.6648	0.5373	0.2744
淄博	0.5450	0.4933	0.6360	0.4842	0.5285	0.1130
潍坊	0.5370	0.4680	0.6059	0.4230	0.5326	0.1522
威海	0.5276	0.4685	0.5874	0.4833	0.5746	0.4658

续表

高新区	总收入	人均总收入	工业总产值	全员劳动生产率	出口创汇总额	人均出口创汇
郑州	0.5351	0.4524	0.5979	0.3937	0.5042	0.0178
洛阳	0.5263	0.4002	0.5734	0.3444	0.5165	0.0963
武汉	0.5847	0.2818	0.7326	0.2432	0.5569	0.0820
襄樊	0.5233	0.4162	0.5734	0.4250	0.5051	0.0350
长沙	0.5514	0.3410	0.6587	0.3527	0.5184	0.0464
株洲	0.5210	0.3149	0.5680	0.3374	0.5108	0.0672
湘潭	0.5169	0.2319	0.5563	0.2622	0.5498	0.3190
广州	0.6003	0.3836	0.7214	0.2277	0.8202	0.5097
深圳	0.6004	0.4272	0.8020	0.4256	0.7870	0.4881
珠海	0.5426	0.1752	0.6326	0.1924	0.6735	0.4174
惠州	0.5216	0.2138	0.5723	0.2520	0.6186	0.5877
中山	0.5305	0.1960	0.6030	0.2425	0.6220	0.4218
佛山	0.5554	0.3376	0.6806	0.3802	0.6476	0.3852
南宁	0.5196	0.1256	0.5492	0.0729	0.5036	0.0120
桂林	0.5096	0.0560	0.5396	0.1315	0.5108	0.0686
海南	0.5038	0.2463	0.5148	0.2669	0.5088	0.1984
成都	0.5850	0.4426	0.7465	0.4163	0.6639	0.3332
重庆	0.5305	0.0709	0.5682	0.0070	0.5132	0.0256
绵阳	0.5156	0.0791	0.5664	0.1876	0.5155	0.0689
贵阳	0.5103	0.0000	0.5308	0.0000	0.5092	0.0423
昆明	0.5262	0.5883	0.5613	0.4000	0.5275	0.2132
西安	0.6185	0.5378	0.7375	0.2876	0.5574	0.0898
宝鸡	0.5262	0.2692	0.5839	0.2905	0.5086	0.0376
杨凌	0.5000	0.1252	0.5000	0.0168	0.5003	0.0650
兰州	0.5223	0.3459	0.5567	0.2522	0.5000	0.0000
乌鲁木齐	0.5050	0.1668	0.5140	0.1117	0.5116	0.1756

取 C211、C212、C213、C214、C215、C216 的权重分别为 0.16、0.24、

0.12、0.18、0.15、0.15，利用模糊评价法，则有经济规模与效率的评价向量为：

$$B_{21}=a_{21}\circ R_{21}$$

$$=(0.16,0.24,0.12,0.18,0.15,0.15)\circ\begin{pmatrix}1.000 & 0.5870 & 0.5333 & \cdots & 0.5223 & 0.5050\\0.5686 & 0.4000 & 0.5510 & \cdots & 0.3459 & 0.1668\\1.0000 & 0.6835 & 0.5829 & \cdots & 0.5567 & 0.5140\\0.0479 & 0.2196 & 0.4087 & \cdots & 0.2522 & 0.1117\\0.9850 & 0.5801 & 0.5101 & \cdots & 0.5000 & 0.5116\\0.1977 & 0.1444 & 0.0582 & \cdots & 0.000 & 0.1756\end{pmatrix}$$

$$=(0.6025,0.4201,0.4463,\cdots,0.3538,0.3057)$$

以上矩阵中每一列数据分别为北京、天津、石家庄、……、兰州、乌鲁木齐等56个国家级高新技术产业开发区的总收入、人均总收入、工业总产值、全员劳动生产率、出口创汇总额、人均出口创汇的无量纲标准化结果。$B_{21}=a_{21}\circ R_{21}$采用先乘后和的模式，其结果为北京(0.6025)、天津(0.4201)、石家庄(0.4463)、……、兰州(0.3538)、乌鲁木齐(0.3057)。经排序，处于经济规模与效率前10位和后10位的见表4-4、表4-5。

表4-4 经济规模与效率排名前10位的高新区

高新区	上海	南京	长春	厦门	北京	青岛	无锡	深圳	苏州	宁波
总得分	0.7777	0.6991	0.6816	0.6264	0.6025	0.5992	0.5929	0.5627	0.5522	0.5290
排　名	1	2	3	4	5	6	7	8	9	10

表4-5 经济规模与效率排名后10位的高新区

高新区	海南	兰州	宝鸡	乌鲁木齐	绵阳	桂林	南宁	杨凌	重庆	贵阳
总得分	0.3556	0.3538	0.3531	0.3057	0.2908	0.2703	0.2696	0.2579	0.2522	0.2281
排　名	47	48	49	50	51	52	53	54	55	56

第二，利润与税收。二级指标利润与税收下设三级指标净利润(千元)C221、人均净利润(千元/人)C222、实际上缴税收总额(千元)C223、人均税收总额(千元/人)C224。并对其相关指标进行无量纲化，见表4-6。

表 4-6 利润与税收相关指标无量纲化结果

高新区	净利润	人均净利润	实际上缴税收总额	人均税收总额
北京	1.0000	0.5229	1.0000	0.3302
天津	0.5952	0.4365	0.5849	0.2309
石家庄	0.5207	0.2823	0.5393	0.3722
保定	0.5178	0.3349	0.5172	0.1993
太原	0.5206	0.2179	0.5479	0.3559
包头	0.5147	0.1353	0.5276	0.1546
沈阳	0.5340	0.3009	0.5508	0.2935
大连	0.5482	0.2903	0.5446	0.1422
鞍山	0.5245	0.3337	0.5286	0.2458
长春	0.5912	1.0000	0.6265	1.0000
吉林	0.5175	0.1731	0.5332	0.2133
哈尔滨	0.5231	0.2106	0.5357	0.2024
大庆	0.5197	0.2478	0.5341	0.2870
上海	0.6565	0.5843	0.6901	0.4780
南京	0.5590	0.4503	0.5874	0.4557
常州	0.5327	0.2448	0.5315	0.1197
无锡	0.5674	0.2816	0.5458	0.0774
苏州	0.5489	0.2089	0.5595	0.1359
泰州	0.5102	0.3822	0.5168	0.4635
杭州	0.5531	0.2909	0.5689	0.2319
宁波	0.5249	0.3367	0.5246	0.1999
合肥	0.5387	0.3848	0.6169	0.8623
福州	0.5093	0.1574	0.5076	0.0471
厦门	0.5235	0.2964	0.5421	0.3652
南昌	0.5135	0.1738	0.5509	0.5030
济南	0.5492	0.4649	0.5676	0.4342
青岛	0.5234	0.4087	0.5302	0.3567

续表

高新区	净利润	人均净利润	实际上缴税收总额	人均税收总额
淄博	0.5180	0.1613	0.5680	0.4621
潍坊	0.5332	0.3761	0.5301	0.2015
威海	0.5223	0.3279	0.5281	0.2675
郑州	0.5349	0.4087	0.5431	0.3326
洛阳	0.5228	0.3159	0.5288	0.2554
武汉	0.5692	0.2549	0.5907	0.1973
襄樊	0.5150	0.2312	0.5230	0.2291
长沙	0.5509	0.3459	0.5498	0.1966
株洲	0.5125	0.1723	0.5165	0.1278
湘潭	0.5076	0.0974	0.5133	0.0947
广州	0.5629	0.2328	0.5631	0.1151
深圳	0.5771	0.3136	0.6036	0.2638
珠海	0.5271	0.1417	0.5270	0.0476
惠州	0.5105	0.1058	0.5092	0.0153
中山	0.5165	0.1197	0.5153	0.0263
佛山	0.5257	0.1473	0.5263	0.0557
南宁	0.5191	0.1849	0.5216	0.1061
桂林	0.5108	0.1481	0.5151	0.1155
海南	0.5039	0.1688	0.5070	0.2279
成都	0.5769	0.3813	0.5807	0.2428
重庆	0.5193	0.0951	0.5354	0.0902
绵阳	0.5073	0.0592	0.5117	0.0306
贵阳	0.5042	0.0251	0.5112	0.0317
昆明	0.5175	0.3150	0.5272	0.3338
西安	0.5769	0.3100	0.6273	0.3396
宝鸡	0.5218	0.2337	0.5359	0.2507
杨凌	0.5000	0.0000	0.5000	0.0000
兰州	0.5127	0.1748	0.5307	0.2988
乌鲁木齐	0.5199	0.6745	0.5045	0.0688

取 C221、C222、C223、C224 的权重分别为 0.20、0.30、0.20、0.30，利用模糊评价法，则有利润与税收的评价向量为：

$$B_{22}=a_{22}\circ R_{22}$$

$$=(0.20,0.30,0.20,0.30)\circ\begin{pmatrix}1.000 & 0.5952 & 0.5207 & \cdots & 0.5217 & 0.5199\\0.5229 & 0.4365 & 0.2823 & \cdots & 0.1748 & 0.6745\\1.0000 & 0.5849 & 0.5393 & \cdots & 0.5307 & 0.5045\\0.3302 & 0.2309 & 0.3722 & \cdots & 0.2988 & 0.0688\end{pmatrix}$$

$$=(0.6559,0.4362,0.4084,\cdots,0.3508,0.4279)$$

以上矩阵中每一列数据分别为北京、天津、石家庄、……、兰州、乌鲁木齐等 56 个国家级高新技术产业开发区的净利润、人均净利润、实际上缴税收总额、人均税收总额的无量纲标准化结果。$B_{22}=a_{22}\circ R_{22}$采用先乘后和的模式，其结果为北京(0.6559)、天津(0.4362)、石家庄(0.4084)、……、兰州(0.3508)、乌鲁木齐(0.4279)。经排序，处于经济规模与效率前 10 位和后 10 位的见表 4-7、表 4-8。

表 4-7 利润与税收排名前 10 位的高新区

高新区	长春	北京	合肥	上海	南京	济南	泰州	青岛	郑州	天津
总得分	0.8435	0.6559	0.6053	0.5880	0.5011	0.4931	0.4591	0.4404	0.4380	0.4362
排名	1	2	3	4	5	6	7	8	9	10

表 4-8 利润与税收排名后 10 位的高新区

高新区	佛山	珠海	重庆	福州	湘潭	中山	惠州	绵阳	贵阳	杨凌
总得分	0.2713	0.2676	0.2665	0.2647	0.2618	0.2502	0.2403	0.2308	0.2201	0.2000
排名	47	48	49	50	51	52	53	54	55	56

第三，资产与负债。同理，可以算出 56 个高新区关于资产与负债 B23 的得分与排名如表 4-9、表 4-10。

表 4-9 资产与负债排名前 10 位的高新区

高新区	兰州	上海	成都	北京	郑州	淄博	西安	天津	沈阳	潍坊
总得分	0.6799	0.5882	0.5801	0.5657	0.5350	0.5316	0.5286	0.5265	0.5223	0.5207
排名	1	2	3	4	5	6	7	8	9	10

表 4-10 资产与负债排名后 10 位的高新区

高新区	桂林	贵阳	厦门	绵阳	南宁	佛山	鞍山	中山	珠海	惠州
总得分	0.4621	0.4609	0.4542	0.4524	0.4516	0.4515	0.4504	0.4500	0.4486	0.4423
排名	47	48	49	50	51	52	53	54	55	56

第四，市场效率。56 个高新区关于市场效率 B24 的得分与排名前 10 位和后 10 位如表 4-11、表 4-12。

表 4-11 市场效率排名前 10 位的高新区

高新区	北京	济南	西安	沈阳	杭州	石家庄	宁波	上海	广州	天津
总得分	0.7123	0.5198	0.5174	0.5111	0.4648	0.4415	0.4319	0.4277	0.4030	0.3461
排名	1	2	3	4	5	6	7	8	9	10

表 4-12 市场效率排名后 10 位的高新区

高新区	海南	宝鸡	中山	湘潭	珠海	惠州	绵阳	桂林	贵阳	杨凌
总得分	0.1022	0.0986	0.0942	0.0845	0.0833	0.0794	0.0406	0.0356	0.0325	0.0184
排名	47	48	49	50	51	52	53	54	55	56

第五，经济发展评价情况。56 个高新区在经济规模与效率、利润与税收、资产与负债、市场效率方面评价如表 4-13。

表 4-13 56 个高新区经济发展相关指标得分

高新区	经济规模与效率	利润与税收	资产与负债	市场效率
北京	0.6025	0.6559	0.5657	0.7123
天津	0.4201	0.4362	0.5265	0.3461
石家庄	0.4463	0.4084	0.5080	0.4415
保定	0.4383	0.3673	0.5095	0.1183
太原	0.4336	0.3858	0.4807	0.2985
包头	0.3859	0.2954	0.4813	0.1323
沈阳	0.4865	0.3953	0.5223	0.5111
大连	0.3777	0.3483	0.4873	0.2531
鞍山	0.4077	0.3845	0.4504	0.2134

续表

高新区	经济规模与效率	利润与税收	资产与负债	市场效率
长春	0.6816	0.8435	0.5194	0.3290
吉林	0.3916	0.3261	0.5035	0.1519
哈尔滨	0.3794	0.3357	0.4950	0.1489
大庆	0.3809	0.3712	0.4624	0.1796
上海	0.7777	0.5880	0.5882	0.4277
南京	0.6991	0.5011	0.5117	0.3436
常州	0.4306	0.3222	0.4697	0.1142
无锡	0.5929	0.3303	0.4917	0.1415
苏州	0.5522	0.3251	0.4779	0.1563
泰州	0.5022	0.4591	0.5069	0.1990
杭州	0.3714	0.3813	0.4980	0.4648
宁波	0.5290	0.3709	0.4973	0.4319
合肥	0.4274	0.6053	0.5061	0.2591
福州	0.3735	0.2647	0.4709	0.1031
厦门	0.6264	0.4116	0.4542	0.1745
南昌	0.3761	0.4159	0.4739	0.1367
济南	0.4172	0.4931	0.5058	0.5198
青岛	0.5992	0.4404	0.5018	0.2571
淄博	0.4653	0.4042	0.5316	0.2706
潍坊	0.4498	0.3859	0.5207	0.1467
威海	0.5104	0.3887	0.4855	0.1549
郑州	0.4151	0.4380	0.5350	0.2717
洛阳	0.4030	0.3817	0.5025	0.2547
武汉	0.3887	0.3676	0.4855	0.2129
襄樊	0.4099	0.3457	0.4749	0.2922
长沙	0.3973	0.3829	0.4886	0.1381
株洲	0.3745	0.2958	0.4680	0.1577

续表

高新区	经济规模与效率	利润与税收	资产与负债	市场效率
湘潭	0.3826	0.2618	0.4646	0.0845
广州	0.5151	0.3296	0.4901	0.4030
深圳	0.5627	0.4094	0.4810	0.1471
珠海	0.4030	0.2676	0.4486	0.0833
惠州	0.4297	0.2403	0.4423	0.0794
中山	0.4045	0.2502	0.4500	0.0942
佛山	0.4749	0.2713	0.4515	0.1228
南宁	0.2696	0.2954	0.4516	0.1740
桂林	0.2703	0.2843	0.4621	0.0356
海南	0.3556	0.3212	0.5000	0.1022
成都	0.5139	0.4188	0.5801	0.2858
重庆	0.2522	0.2665	0.4750	0.2114
绵阳	0.2908	0.2308	0.4524	0.0406
贵阳	0.2281	0.2201	0.4609	0.0325
昆明	0.4759	0.4036	0.5133	0.3010
西安	0.4654	0.4357	0.5286	0.5174
宝鸡	0.3531	0.3569	0.4823	0.0986
杨凌	0.2579	0.2000	0.4787	0.0184
兰州	0.3538	0.3508	0.6799	0.1137
乌鲁木齐	0.3057	0.4279	0.4881	0.1945

取B21、B22、B23、B24的权重分别为0.40、0.35、0.10、0.15，利用模糊评价法，则有经济发展的评价向量为：

$$A_2 = a_2 \circ R_2$$

$$= (0.40, 0.35, 0.10, 0.15) \circ \begin{pmatrix} 0.6025 & 0.4201 & 0.4463 & \cdots & 0.3538 & 0.3057 \\ 0.6559 & 0.4362 & 0.4084 & \cdots & 0.3508 & 0.4279 \\ 0.5657 & 0.5265 & 0.5080 & \cdots & 0.6799 & 0.4881 \\ 0.7123 & 0.3461 & 0.4415 & \cdots & 0.1137 & 0.1945 \end{pmatrix}$$

$$= (0.6340, 0.4253, 0.4385, \cdots, 0.3493, 0.3500)$$

表 4-14 为 56 个高新区在经济发展方面的总得分与排名情况。

表 4-14 56 个高新区经济发展得分及排名

高新区	得分	排名	高新区	得分	排名	高新区	得分	排名
长春	0.6692	1	淄博	0.4213	20	佛山	0.3485	39
上海	0.6399	2	郑州	0.4136	21	吉林	0.3439	40
北京	0.6340	3	威海	0.4120	22	哈尔滨	0.3411	41
南京	0.5577	4	苏州	0.4059	23	宝鸡	0.3292	42
青岛	0.4825	5	杭州	0.4015	24	包头	0.3257	43
合肥	0.4723	6	太原	0.4013	25	株洲	0.3238	44
西安	0.4691	7	潍坊	0.3891	26	海南	0.3200	45
济南	0.4680	8	洛阳	0.3832	27	珠海	0.3122	46
厦门	0.4662	9	襄樊	0.3763	28	惠州	0.3121	47
沈阳	0.4618	10	鞍山	0.3747	29	中山	0.3085	48
宁波	0.4559	11	保定	0.3726	30	福州	0.3046	49
成都	0.4530	12	武汉	0.3646	31	湘潭	0.3038	50
泰州	0.4421	13	南昌	0.3639	32	南宁	0.2825	51
深圳	0.4385	14	长沙	0.3625	33	重庆	0.2734	52
石家庄	0.4385	15	大连	0.3597	34	桂林	0.2592	53
广州	0.4309	16	大庆	0.3555	35	绵阳	0.2484	54
昆明	0.4281	17	乌鲁木齐	0.3500	36	杨凌	0.2238	55
天津	0.4253	18	兰州	0.3493	37	贵阳	0.2192	56
无锡	0.4232	19	常州	0.3491	38			

从表 4-14 可以看出，高新区公共治理绩效评价的经济发展方面，长春、上海、北京、南京、青岛、合肥、西安、济南、厦门、沈阳高新区排名处于前 10 位。

(2)资源与环境

①总体情况

第一，人才队伍发展较快。2009 年，国家高新区企业现有就业人员 810.3 万人，是建区初期 1992 年的 24 倍，与 2008 年相比增加 98.8 万人，年增长13.8%。国家高新区大专学历以上人员达到384.7万人，高出上一年58万人，占到高新区从业人员总量47.5%。其中，硕士学位毕业生31.7万人，博士学位毕业生3.8万人，归国创业的留学人员近3.6万名。

2009年，在国家高新区从业人员构成中，具有中高级职称的人员达到107.5万人，占到从业人员总量13.2%。国家高新区共吸纳了30.2万名应届高校毕业生，从1992年到2009年这18年间，国家高新区就业人数以年均21%的速度增长，为国家解决就业难的问题作出了积极贡献。

第二，创新资金和科研机构聚集效应初现。近几年来，高新区积极优化创新创业环境，大力培育有竞争优势和发展前景的产业集群，同时注重发展高新技术产业与改造传统产业相结合，逐步形成了一批对国民经济增长有重大带动作用的优势特色产业，成为优化产业结构、促进经济增长方式转变的重要力量。

高新区为企业创新创业提供强有力的支持，体现在各类资金的支持力度，其各种配套资金较上年有所增长。用于对科技型中小企业创新基金配套的资金已达到37.0亿元，比上一年增加15.9亿元；用于扶持创业投资机构的资金已达到189.2亿元，比上一年增加111.9亿元；用于扶持担保机构的资金已达到116.3亿元，比上一年增加89.3亿元，以上三种资金共计达到342.5亿元，资金总量高出上一年217.1亿元。

高新区中聚集了众多科研机构和大专院校，为园区经济发展提供知识载体和创新源头。从2009年统计数据看，高新区内聚集的各类高等院校已经达到391所，促进了高新区的企业与大专院校、科研院所建立各种合作关系，积极推动产学研合作体和共建研发基地等；高新区还集聚了国家工程(技术)研究中心263个、开放实验室860个、产业技术检验检测平台417个、技术转移中心175个。

第三，科技企业孵化器发展迅速。科技企业孵化器作为国家创新体系的一个重要组成部分越来越得到各省市和地方科技部门的重视。近几年，各地兴建的各类科技企业孵化器得到了长足的发展，孵化器不但从硬件环境上有所改善，而且从各种配套服务措施方面也有所加强，使孵化器的发展进入到了一个新的阶段。对扶持初创型企业的作用更加明显，使企业的科技创新活动更加活跃2009年根据45个地方科技部门和53个国家高新区统计，全国现有各类科技企业孵化器772个，比上一年增加了102个，场地面积 2901.3 万平方米，比上一年增长 25.3%，在孵企业数 50511 家，比上一年增长 13.9%，累计毕业企业数 47286 家，比上一年增长 48.9%，其中在孵企业最多的孵化器是成都高新技术产业开发区技术创新服务中心，在孵企业 638 家。

第四，生态和环境有了改善。20 多年来，我国高新技术产值占工业总产值的比重已由最初的 1%左右提高到目前的 10%以上。但是，高新技术产业的自身特点和高新技术产业开发区内密集的产业结构所带来的环境和生态问题也逐渐显露出来。随着国内循环经济和生态工业园建设理念的推广以及环境管理意识的提高，大多数高新区已经开始重视此类问题，并将如何有效发展高新技术产业，如何将这些技术密集型产业的发展与环境资源、人类健康保护相协调，作为高新区在今后的发展中必须解决的问题。

②具体指标计算

第一，人力资源。二级指标人力资源下设年末从业人员 C311、千人拥有的大专(含)学历以上从业人数 C312、千人中高级职称人数 C313、千人拥有的高技术服务业从业人数 C314 四个三级指标，它们权重分别 0.20、0.25、0.25、0.30，并对其相关指标进行无量纲化，见表 4-15。

表 4-15　人力资源相关指标无量纲化结果

高新区	年末从业人员	千人拥有的大专(含)学历以上从业人数	千人中高级职称人数	千人拥有的高技术服务业从业人数
北京	1.0000	1.0000	1.0000	0.7001
天津	0.6080	0.1368	0.1246	0.1551
石家庄	0.5309	0.0520	0.1117	0.2180
保定	0.5210	0.0278	0.0154	0.0133
太原	0.5404	0.0580	0.1066	0.1273
包头	0.5441	0.0542	0.0706	0.0543
沈阳	0.5513	0.0923	0.1102	0.1212
大连	0.5783	0.1375	0.1939	0.4208
鞍山	0.5315	0.0288	0.0794	0.0518
长春	0.5431	0.0594	0.0684	0.1233
吉林	0.5422	0.0454	0.0863	0.0708

续表

高新区	年末从业人员	千人拥有的大专(含)学历以上从业人数	千人中高级职称人数	千人拥有的高技术服务业从业人数
哈尔滨	0.5476	0.0595	0.1023	0.0638
大庆	0.5336	0.0316	0.0757	0.1123
上海	0.6362	0.2382	0.2037	0.4009
南京	0.5624	0.0862	0.0907	0.1185
常州	0.5607	0.0492	0.0415	0.0110
无锡	0.6151	0.1273	0.1086	0.0284
苏州	0.6090	0.0797	0.0567	0.0270
泰州	0.5075	0.0071	0.0059	0.0083
杭州	0.5865	0.1597	0.1379	0.5479
宁波	0.5318	0.0342	0.0341	0.1509
合肥	0.5460	0.0699	0.0855	0.2159
福州	0.5218	0.0255	0.0233	0.2232
厦门	0.5341	0.0248	0.0161	0.1008
南昌	0.5309	0.0531	0.0537	0.1220
济南	0.5493	0.0887	0.1164	0.5307
青岛	0.5236	0.0375	0.0604	0.0393
淄博	0.5468	0.0698	0.0761	0.0515
潍坊	0.5395	0.0837	0.1504	0.0853
威海	0.5286	0.0322	0.0452	0.0034
郑州	0.5383	0.0923	0.0872	0.1027
洛阳	0.5307	0.0548	0.0889	0.1209
武汉	0.6302	0.2128	0.3375	0.2085
襄樊	0.5261	0.0256	0.0595	0.0106
长沙	0.5696	0.0956	0.1147	0.0715
株洲	0.5286	0.0387	0.0507	0.0035
湘潭	0.5277	0.0372	0.0314	0.0015
广州	0.6284	0.1841	0.1658	0.6034

续表

高新区	年末从业人员	千人拥有的大专(含)学历以上从业人数	千人中高级职称人数	千人拥有的高技术服务业从业人数
深圳	0.6197	0.2253	0.4464	0.2014
珠海	0.5828	0.0454	0.0322	0.0498
惠州	0.5375	0.0169	0.0110	0.0000
中山	0.5560	0.0181	0.0066	0.0000
佛山	0.5758	0.0496	0.0275	0.0150
南宁	0.5437	0.0429	0.0618	0.2639
桂林	0.5280	0.0248	0.0299	0.0061
海南	0.5048	0.0027	0.0000	0.0000
成都	0.5985	0.1782	0.2069	0.3348
重庆	0.5812	0.0726	0.0891	0.1763
绵阳	0.5407	0.0345	0.0202	0.0008
贵阳	0.5382	0.0211	0.0377	0.0358
昆明	0.5222	0.0329	0.0420	0.2358
西安	0.6207	0.2516	0.4318	0.3186
宝鸡	0.5402	0.0391	0.0699	0.0052
杨凌	0.5000	0.0000	0.0028	0.1417
兰州	0.5287	0.0279	0.0549	0.0769
乌鲁木齐	0.5094	0.0099	0.0103	0.0846

利用模糊评价法，则人力资源的评价向量为：

$$B_{31}=a_{31}\circ R_{31}$$

$$=(0.20,0.25,0.25,0.30)\circ\begin{pmatrix}1.0000 & 0.6080 & 0.5309 & \cdots & 0.5287 & 0.5094\\1.0000 & 0.1368 & 0.0520 & \cdots & 0.0279 & 0.0099\\1.0000 & 0.1246 & 0.1117 & \cdots & 0.0549 & 0.0103\\0.7001 & 0.1551 & 0.2180 & \cdots & 0.0769 & 0.0846\end{pmatrix}$$

$$=(0.9100,0.2335,0.2128,\cdots,0.1495,0.1323)$$

以上矩阵中每一列数据分别为北京、天津、石家庄、……、兰州、乌鲁木齐等56个国家级高新技术产业开发区的年末从业人员、千人拥有的大专(含)学历以上从业人数、千人高级职称人数、千人拥有的高技术服务业从业人数的无量纲标准化结果。$B_{31}=a_{31}\circ R_{31}$采用先乘后和的模式,其结果为北京(0.9100)、天津(0.2335)、石家庄(0.2125)、……、兰州(0.1495)、乌鲁木齐(0.1323)。经排序,处于人力资源前10位和后10位的见表4-16、表4-17。

表 4-16 人力资源排名前10位的高新区

高新区	北京	广州	西安	上海	杭州	深圳	武汉	大连	济南	成都
总得分	0.9100	0.3942	0.3906	0.3580	0.3561	0.3523	0.3262	0.3248	0.3203	0.3164
排名	1	2	3	4	5	6	7	8	9	10

表 4-17 人力资源排名后10位的高新区

高新区	株洲	威海	湘潭	绵阳	桂林	保定	中山	惠州	泰州	海南
总得分	0.1291	0.1261	0.1231	0.1220	0.1211	0.1190	0.1174	0.1145	0.1072	0.1016
排名	47	48	49	50	51	52	53	54	55	56

第二,科技企业孵化器。二级指标科技企业孵化器下设百人孵化器在孵企业数C321、百人孵化器累计毕业企业数C322、人均累计投入孵化基金C323、人均年末固定资产净值C324,权重分别取0.25、0.25、0.25、0.25。同理,我们计算出科技企业孵化器处于前10位和后10位的高新区见表4-18、表4-19。

表 4-18 科技企业孵化器排名前10位的高新区

高新区	西安	郑州	武汉	深圳	成都	济南	哈尔滨	吉林	无锡	沈阳
总得分	0.8176	0.7316	0.7313	0.7098	0.7088	0.6775	0.6590	0.6578	0.6480	0.6450
排名	1	2	3	4	5	6	7	8	9	10

表 4-19 科技企业孵化器排名后10位的高新区

高新区	珠海	杨凌	威海	乌鲁木齐	南昌	佛山	南京	惠州	绵阳	海南
总得分	0.5369	0.5366	0.5343	0.5323	0.5296	0.5279	0.5247	0.5171	0.5047	0.5000
排名	47	48	49	50	51	52	53	54	55	56

由于高新区中的科技企业孵化器以相关的高新区科技创业中心等加

以统计，由于统计口径原因，少数高新区的科技企业孵化器的数量不够准确，故以上排名对于个别高新区不能真实反映实际情况，如南京高新技术产业开发区。

第三，资源消耗。二级指标资源消耗下设万元产值综合能耗 C331、单位增加值综合能耗 C332、工业废水排放总量占工业产值比重 C333，权重分别取 0.40、0.30、0.30。同理，我们计算出资源消耗处于前 10 位和后 10 位的高新区见表 4-20、表 4-21。

表 4-20　资源消耗排名前 10 位的高新区

高新区	厦门	沈阳	杭州	惠州	合肥	福州	长沙	鞍山	北京	绵阳
总得分	0.9914	0.9805	0.9792	0.9714	0.9679	0.9677	0.9629	0.9590	0.9539	0.9533
排名	1	2	3	4	5	6	7	8	9	10

表 4-21　资源消耗排名后 10 位的高新区

高新区	昆明	太原	大庆	株洲	苏州	包头	桂林	吉林	淄博	湘潭
总得分	0.7174	0.7108	0.7082	0.6243	0.6221	0.6082	0.5998	0.4714	0.4272	0.2457
排名	47	48	49	50	51	52	53	54	55	56

注：资源消耗指标为成本型指标，即越小越好。以上排名为资源消耗少的得分较高，因此排名在前。

第四，资源与环境（定量部分）综合评价。在资源与环境二级指标中，由于数据实际收集问题，本书在评价时，把基础设施、生态环境暂作定性指标去对待的（合计占权重的 0.35），下面就定量计算的人力资源、科技企业孵化器、资源消耗来评价 56 个高新区的得分情况，权重分别取 0.20、0.20、0.25，见表 4-22。

表 4-22　56 个高新区资源与环境（部分）相关指标得分

高新区	人力资源	科技企业孵化器	资源消耗	总得分
北京	0.9100	0.6012	0.9539	0.5407
天津	0.2335	0.5814	0.9305	0.3956
石家庄	0.2125	0.5552	0.8032	0.3543
保定	0.1190	0.5515	0.9388	0.3688
太原	0.1874	0.5459	0.7108	0.3244

续表

高新区	人力资源	科技企业孵化器	资源消耗	总得分
包头	0.1563	0.6414	0.6082	0.3116
沈阳	0.1972	0.6450	0.9805	0.4136
大连	0.3248	0.6237	0.9148	0.4184
鞍山	0.1489	0.6172	0.9590	0.3930
长春	0.1775	0.5978	0.9462	0.3916
吉林	0.1626	0.6578	0.4714	0.2819
哈尔滨	0.1691	0.6590	0.8307	0.3733
大庆	0.1672	0.5973	0.7082	0.3300
上海	0.3580	0.5505	0.8745	0.4003
南京	0.1922	0.5247	0.8055	0.3448
常州	0.1381	0.5574	0.7961	0.3381
无锡	0.1905	0.6480	0.9515	0.4056
苏州	0.1640	0.5753	0.6221	0.3034
泰州	0.1072	0.5474	0.9306	0.3636
杭州	0.3561	0.5773	0.9792	0.4315
宁波	0.1687	0.5467	0.9205	0.3732
合肥	0.2128	0.5654	0.9679	0.3976
福州	0.1835	0.5429	0.9677	0.3872
厦门	0.1473	0.6434	0.9914	0.4060
南昌	0.1695	0.5296	0.7450	0.3261
济南	0.3203	0.6775	0.9335	0.4329
青岛	0.1410	0.5759	0.9483	0.3805
淄博	0.1613	0.5922	0.4272	0.2575
潍坊	0.1920	0.5623	0.9260	0.3824
威海	0.1261	0.5343	0.9335	0.3655
郑州	0.1833	0.7316	0.9314	0.4158
洛阳	0.1783	0.5397	0.9016	0.3690

续表

高新区	人力资源	科技企业孵化器	资源消耗	总得分
武汉	0.3262	0.7313	0.9015	0.4369
襄樊	0.1297	0.5390	0.8873	0.3556
长沙	0.1879	0.6058	0.9629	0.3995
株洲	0.1291	0.5408	0.6243	0.2901
湘潭	0.1231	0.5889	0.2457	0.2038
广州	0.3942	0.6219	0.9445	0.4393
深圳	0.3523	0.7098	0.8924	0.4355
珠海	0.1509	0.5369	0.9501	0.3751
惠州	0.1145	0.5171	0.9714	0.3692
中山	0.1174	0.5958	0.8929	0.3659
佛山	0.1389	0.5279	0.8971	0.3576
南宁	0.2141	0.6054	0.8839	0.3849
桂林	0.1211	0.5547	0.5998	0.2851
海南	0.1016	0.5000	0.9284	0.3524
成都	0.3164	0.7088	0.9441	0.4411
重庆	0.2096	0.5957	0.8723	0.3791
绵阳	0.1220	0.5047	0.9533	0.3637
贵阳	0.1331	0.5728	0.7328	0.3244
昆明	0.1939	0.5473	0.7174	0.3276
西安	0.3906	0.8176	0.9133	0.4700
宝鸡	0.1368	0.6293	0.9430	0.3890
杨凌	0.1432	0.5366	0.7534	0.3243
兰州	0.1495	0.5541	0.8575	0.3551
乌鲁木齐	0.1323	0.5323	0.9032	0.3587

从以上得分可知，北京、西安、成都、广州、武汉、深圳、济南、杭州、大连、郑州排在前10位。

(3)能力建设

能力建设是高新区公共治理的绩效评价另一个重要的指标，主要从R&D活动B41、科技活动B42、科技产出B43、知识创造B44、管理能力B45方面进行评价。56家高新区鼓励企业增加研发投入，提高技术创新能力，不断涌现出具有国内外先进水平的科技创新成果。

①总体情况

第一，创新经费增加显著。2009年，国家高新区企业用于科技活动筹集到的资金总额已达到3066.6亿元，高出上一年445.7亿元，年增长17%。其中，企业筹集资金达到2601.3亿元，来自金融机构的贷款90.4亿元，来自各级政府部门的资金230.2亿元，来自各事业单位的资金6.1亿元，来自国外的资金81.9亿元，来自于其他方面的资金56.7亿元，见图4-1。

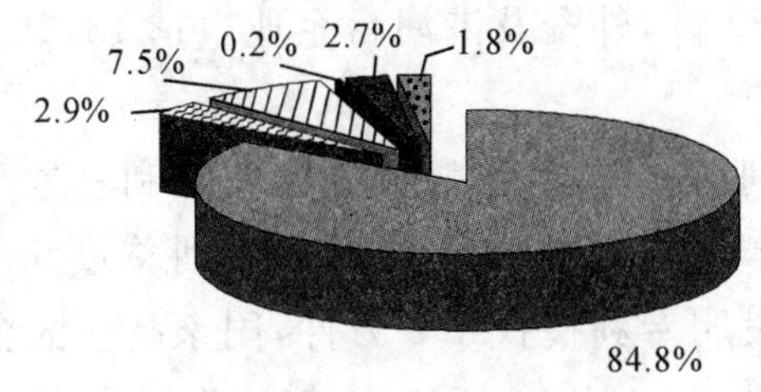

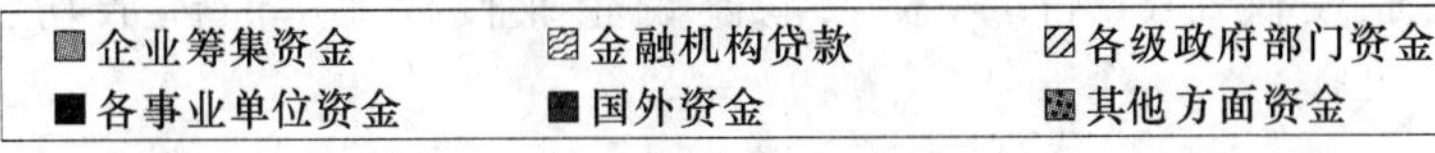

图4-1　高新区科技活动经费筹集情况

第二，科技项日大幅增加。2009年，高新区企业在科技活动中参与的科技项目数量达到179581项，比上一年增加18297项，占高新区科技项目总量48.5%。科技项目数位居前5家高新区是：中关村科技园区、西安高新区、成都高新区、上海张江高新区和广州高新区。企业创办的科技机构数量已达9713个，创办科技机构数量位居前5家高新区是：中关村科技园区、郑州高新区、广州高新区、西安高新区、武汉高新区。在科技机构中参与研究的博士毕业人员1.3万人，硕士毕业人员9.4万人，本科毕业以上人员26.8万人。

第三，国家高新区成立至今，区内企业创新成果的市场转化率一直处于较高水平，企业拥有的专利数量和每年申请专利数量均得到快速增长。

2009年,国家高新区的新产品产值达到18437.1亿元,新产品销售收入为19070.1亿元,新产品销售收入占高新区产品销售收入的比重为30.4%。达到这一比重的高新区有21个。

2009年,国家高新区企业已拥有有效发明专利54302件,其中国有企业6885件,外资及港澳台企业14626件,股份公司23991件。高新区每万人拥有的发明专利数量为68.7件/万人。

按2009年申请专利情况看,我国共受理国内申请(不包括受理国外来华部分)各类专利87.7万件,国家高新区企业申请各类专利10万件,占全国总量的11.4%。在受理的国内申请中,全国共有发明专利申请22.9万件,国家高新区企业共有发明专利申请5万件,占全国总量的21.8%,占国家高新区拥有发明专利总量92.9%。在国家高新区发明专利申请的5万件中,国有企业申请4183件,外资及港澳台企业申请13126件,股份公司申请24992件。

按2009年授权专利情况看,我国国内共授权专利总量50.2万件,国家高新区企业已授权专利4.7万件,占全国授权专利总量9.4%。在授权的国内专利中,全国共有发明专利授权6.5万件,国家高新区企业发明专利授权1.6万件,占全国总量24.6%。在国家高新区发明专利授权的1.6万件中,国有企业授权1488件,外资及港澳台企业授权4565件,股份公司授权7772件。

按其他知识产权情况看,国家高新区53692家企业2009年共获得软件著作版权38019项,获得集成电路布图2393项,获得植物新品种282项,获得各种国家奖项1757次。

②具体指标分析

第一,R&D活动。二级指标R&D活动下设R&D费用C411、人均R&D费用C412、R&D费用占工业总产值的比例C413三个三级指标,它们权重分别0.30、0.40、0.30,并对其相关指标进行无量纲化,见表4-23。

表 4-23　R&D 费用相关指标无量纲化及综合得分结果

高新区	R&D 费用	人均 R&D 费用	R&D 费用占工业总产值的比例	综合得分
北京	1.0000	0.5643	1.0000	0.8257
天津	0.5692	0.3234	0.3332	0.4000
石家庄	0.5594	0.9672	0.6671	0.7548
保定	0.5230	0.4902	0.3209	0.4492
太原	0.5322	0.3841	0.2367	0.3843
包头	0.5145	0.1269	0.0831	0.2300
沈阳	0.5384	0.3670	0.2204	0.3744
大连	0.5479	0.3004	0.3614	0.3929
鞍山	0.5074	0.0717	0.0379	0.1922
长春	0.5154	0.1425	0.0113	0.2150
吉林	0.5502	0.6059	0.4466	0.5414
哈尔滨	0.5356	0.3644	0.2905	0.3936
大庆	0.5210	0.2818	0.2035	0.3301
上海	0.7026	0.8450	0.4726	0.6906
南京	0.5837	0.7188	0.2691	0.5434
常州	0.5420	0.3411	0.2512	0.3744
无锡	0.5794	0.3543	0.2204	0.3816
苏州	0.5654	0.2987	0.2525	0.3648
泰州	0.5112	0.4919	0.2282	0.4186
杭州	0.5800	0.4885	0.6823	0.5741
宁波	0.5259	0.3806	0.2799	0.3940
合肥	0.5593	0.6666	0.4354	0.5650
福州	0.5103	0.1861	0.1738	0.2797
厦门	0.5206	0.2710	0.1411	0.3069
南昌	0.5293	0.4496	0.3638	0.4478
济南	0.5357	0.3515	0.3003	0.3914
青岛	0.5261	0.5087	0.2239	0.4285

续表

高新区	R&D费用	人均R&D费用	R&D费用占工业总产值的比例	综合得分
淄博	0.5648	0.7226	0.4336	0.5885
潍坊	0.5319	0.3888	0.2510	0.3904
威海	0.5360	0.6075	0.3617	0.5123
郑州	0.5736	1.0000	0.7089	0.7847
洛阳	0.5351	0.5527	0.4248	0.5090
武汉	0.6064	0.4337	0.4189	0.4811
襄樊	0.5305	0.5511	0.3618	0.4881
长沙	0.5492	0.3534	0.2629	0.3850
株洲	0.5264	0.4301	0.3332	0.4299
湘潭	0.5319	0.5485	0.5056	0.5307
广州	0.6279	0.5430	0.5448	0.5690
深圳	0.5784	0.3337	0.2118	0.3705
珠海	0.5340	0.1815	0.2062	0.2947
惠州	0.5084	0.0662	0.0625	0.1977
中山	0.5168	0.1124	0.1097	0.2329
佛山	0.5281	0.1571	0.1023	0.2520
南宁	0.5137	0.1181	0.2222	0.2680
桂林	0.5108	0.1497	0.2137	0.2772
海南	0.5039	0.2094	0.1896	0.2918
成都	0.6609	0.9195	0.6250	0.7536
重庆	0.5124	0.0277	0.1280	0.2032
绵阳	0.5196	0.2095	0.2402	0.3117
贵阳	0.5087	0.0689	0.2190	0.2459
昆明	0.5129	0.2410	0.1570	0.2974
西安	0.5708	0.2922	0.2517	0.3636
宝鸡	0.5190	0.2049	0.1738	0.2898
杨凌	0.5000	0.0227	0.1102	0.1922
兰州	0.5029	0.0000	0.0000	0.1509
乌鲁木齐	0.5030	0.0883	0.1476	0.2305

利用模糊评价法，则R&D活动的评价向量为：

$$B_{41}=a_{41}\circ R_{41}$$
$$=(0.30,0.40,0.30)\circ\begin{pmatrix}1.0000 & 0.5692 & 0.5594 & \cdots & 0.5029 & 0.5030\\0.5643 & 0.3234 & 0.9672 & \cdots & 0.0000 & 0.0883\\1.0000 & 0.3332 & 0.6671 & \cdots & 0.0000 & 0.1471\end{pmatrix}$$
$$=(0.8257,0.4000,0.7548,\cdots,0.1509,0.2305)$$

以上矩阵中第一至第三列列数据分别为北京、天津、石家庄、……、兰州、乌鲁木齐等56个国家级高新技术产业开发区的R&D费用、人均R&D费用、R&D费用占工业总产值的比例的无量纲标准化结果。$B_{41}=a_{41}\circ R_{41}$采用先乘后和的模式，其结果为北京(0.8257)、天津(0.4000)、石家庄(0.7458)、……、兰州(0.1509)、乌鲁木齐(0.2305)。经排序，处于R&D活动前10位和后10位的见表4-24、表4-25。

表4-24　R&D活动排名前10位的高新区

高新区	北京	郑州	石家庄	成都	上海	淄博	杭州	广州	合肥	南京
总得分	0.8257	0.7847	0.7548	0.7536	0.6906	0.5885	0.5741	0.5690	0.5650	0.5434
排名	1	2	3	4	5	6	7	8	9	10

表4-25　R&D活动排名后10位的高新区

高新区	贵阳	中山	乌鲁木齐	包头	长春	重庆	惠州	鞍山	杨凌	兰州
总得分	0.2459	0.2329	0.2305	0.2300	0.2150	0.2032	0.1977	0.1922	0.1922	0.1509
排名	47	48	49	50	51	52	53	54	55	56

第二，科技活动。二级指标科技活动下设科技活动人员数C421、千人科技活动人员数C422、科技活动经费支出C423、千人科技活动经费支出C424，权重分别取0.20、0.30、0.20、0.30。同理，我们计算出科技活动处于前10位和后10位的高新区见表4-26、表4-27。

表 4-26 科技活动排名前 10 位的高新区

高新区	北京	上海	郑州	青岛	成都	深圳	南京	杭州	大连	武汉
总得分	0.7419	0.7047	0.6529	0.6296	0.6115	0.5725	0.5365	0.4722	0.4705	0.4669
排名	1	2	3	4	5	6	7	8	9	10

表 4-27 科技活动排名后 10 位的高新区

高新区	桂林	惠州	重庆	贵阳	杨凌	珠海	乌鲁木齐	海南	南宁	兰州
总得分	0.2556	0.2525	0.2496	0.2447	0.2388	0.2383	0.2381	0.2267	0.2234	0.2104
排名	47	48	49	50	51	52	53	54	55	56

第三,科技产出。二级指标科技产出下设高新技术企业占企业总量比例 C431、千人技术收入 C432、万人国家级火炬计划项目数 C433、万人“863”、“973”计划项目数 C434,权重分别取 0.25、0.25、0.25、0.25。同理,我们计算出科技产出处于前 10 位和后 10 位的高新区,见表 4-28、表 4-29。

表 4-28 科技产出排名前 10 位的高新区

高新区	北京	上海	西安	成都	杭州	襄樊	天津	济南	南昌	广州
总得分	0.5860	0.4861	0.4676	0.4574	0.4461	0.4255	0.4221	0.3989	0.3977	0.3903
排名	1	2	3	4	5	6	7	8	9	10

表 4-29 科技产出排名后 10 位的高新区

高新区	包头	桂林	兰州	中山	无锡	珠海	宝鸡	杨凌	海南	惠州
总得分	0.1159	0.1156	0.1107	0.1045	0.1034	0.0999	0.0992	0.0913	0.0829	0.0819
排名	47	48	49	50	51	52	53	54	55	56

第四,知识创造。二级指标知识创造下设千人拥有发明专利累计授权数 C441、千人当年重要知识产权授权数 C442、千人拥有的商标数 C443,权重分别取 0.40、0.30、0.30。同理,我们计算出知识创造处于前 10 位和后 10 位的高新区,见表 4-30、表 4-31。

表 4-30 知识创造排名前 10 位的高新区

高新区	青岛	北京	泰州	天津	杭州	上海	长沙	济南	深圳	大连
总得分	0.6154	0.5758	0.5274	0.5022	0.4992	0.4929	0.4668	0.4530	0.4401	0.4265
排名	1	2	3	4	5	6	7	8	9	10
高新区	潍坊	成都	南京	西安	郑州	昆明	福州	保定	合肥	广州
总得分	0.4045	0.3510	0.3453	0.3439	0.3354	0.2809	0.2656	0.2429	0.2428	0.2366
排名	11	12	13	14	15	16	17	18	19	20

表 4-31 知识创造排名后 10 位的高新区

高新区	包头	沈阳	乌鲁木齐	兰州	苏州	襄樊	无锡	杨凌	大庆	宝鸡
总得分	0.0542	0.0534	0.0471	0.0427	0.0420	0.0409	0.0394	0.0364	0.0352	0.0340
排名	47	48	49	50	51	52	53	54	55	56

第五，能力建设（定量部分）综合评价。在能力建设二级指标中，由于管理能力为定性指标，下面就定量计算的 R&D 活动、科技活动、科技产出、知识创造来评价 56 个高新区的得分情况，权重分别取 0.25、0.25、0.20、0.20，见表 4-32。

表 4-32 56 个高新区能力建设（部分）相关指标得分

高新区	R&D 活动	科技活动	科技产出	知识创造	总得分
北京	0.8257	0.7419	0.5860	0.5758	0.6243
天津	0.4000	0.3412	0.4221	0.5022	0.3702
石家庄	0.7548	0.4458	0.2816	0.1024	0.3770
保定	0.4492	0.4228	0.2072	0.2429	0.3080
太原	0.3843	0.4490	0.2522	0.1014	0.2790
包头	0.2300	0.2852	0.1159	0.0542	0.1628
沈阳	0.3744	0.3924	0.2948	0.0534	0.2613
大连	0.3929	0.4705	0.3324	0.4265	0.3676
鞍山	0.1922	0.3140	0.2895	0.0862	0.2017
长春	0.2150	0.3588	0.2557	0.0894	0.2125
吉林	0.5414	0.3168	0.1502	0.1177	0.2681

续表

高新区	R&D活动	科技活动	科技产出	知识创造	总得分
哈尔滨	0.3936	0.3017	0.2144	0.0544	0.2276
大庆	0.3301	0.2882	0.1871	0.0352	0.1990
上海	0.6906	0.7047	0.4861	0.4929	0.5446
南京	0.5434	0.5365	0.3796	0.3453	0.4150
常州	0.3744	0.3353	0.1242	0.0596	0.2142
无锡	0.3816	0.3497	0.1034	0.0394	0.2114
苏州	0.3648	0.2823	0.1587	0.0420	0.2019
泰州	0.4186	0.3147	0.1241	0.5274	0.3136
杭州	0.5741	0.4722	0.4461	0.4992	0.4506
宁波	0.3940	0.3248	0.3644	0.1506	0.2827
合肥	0.5650	0.4474	0.3535	0.2428	0.3724
福州	0.2797	0.3260	0.3569	0.2656	0.2759
厦门	0.3069	0.3043	0.3256	0.1653	0.2510
南昌	0.4478	0.4194	0.3977	0.2192	0.3402
济南	0.3914	0.3375	0.3989	0.4530	0.3526
青岛	0.4285	0.6296	0.1939	0.6154	0.4264
淄博	0.5885	0.3845	0.2528	0.2308	0.3400
潍坊	0.3904	0.3835	0.3041	0.4045	0.3352
威海	0.5123	0.3534	0.2350	0.1130	0.2860
郑州	0.7847	0.6529	0.3810	0.3354	0.5027
洛阳	0.5090	0.4288	0.2579	0.1902	0.3241
武汉	0.4811	0.4669	0.2926	0.2104	0.3376
襄樊	0.4881	0.3744	0.4255	0.0409	0.3089
长沙	0.3850	0.3815	0.2628	0.4668	0.3375
株洲	0.4299	0.3921	0.2825	0.1938	0.3008
湘潭	0.5307	0.4105	0.2353	0.1650	0.3154
广州	0.5690	0.4389	0.3903	0.2366	0.3774

续表

高新区	R&D活动	科技活动	科技产出	知识创造	总得分
深圳	0.3705	0.5725	0.2313	0.4401	0.3700
珠海	0.2947	0.2383	0.0999	0.1640	0.1860
惠州	0.1977	0.2525	0.0819	0.0624	0.1414
中山	0.2329	0.2991	0.1045	0.1868	0.1913
佛山	0.2520	0.3162	0.2692	0.1151	0.2189
南宁	0.2680	0.2234	0.2416	0.0857	0.1883
桂林	0.2772	0.2556	0.1156	0.1053	0.1774
海南	0.2918	0.2267	0.0829	0.1091	0.1680
成都	0.7536	0.6115	0.4574	0.3510	0.5030
重庆	0.2032	0.2496	0.3408	0.1274	0.2068
绵阳	0.3117	0.2809	0.1225	0.1324	0.1991
贵阳	0.2459	0.2447	0.3314	0.0774	0.2044
昆明	0.2974	0.3389	0.3050	0.2809	0.2763
西安	0.3636	0.4435	0.4676	0.3439	0.3641
宝鸡	0.2898	0.3448	0.0992	0.0340	0.1853
杨凌	0.1922	0.2388	0.0913	0.0364	0.1333
兰州	0.1509	0.2104	0.1107	0.0427	0.1210
乌鲁木齐	0.2305	0.2381	0.3368	0.0471	0.1939

从以上得分可知，北京、上海、成都、郑州、杭州、青岛、南京、广州、石家庄、合肥排在前10位。

(4)定量指标综合评价结果

定量指标涉及经济发展A2的全部二级指标、资源与环境A3中的人力资源B31、科技企业孵化器B32、资源消耗B33以及能力建设A4中的R&D活动B41、科技活动B42、科技产出B43、知识创造B44等三级指标，合计权重约65%，下面取经济发展A2、资源与环境A3、能力建设A4的权重分别为0.35、0.18、0.20对56个高新区在定量指标方面的得分进行计算，见表4-33。

表 4-33 高新区定量指标综合得分结果

高新区	经济发展	资源与环境	能力建设	综合得分
北京	0.6340	0.5407	0.6243	0.4441
天津	0.4253	0.3956	0.3702	0.2941
石家庄	0.4385	0.3543	0.377	0.2926
保定	0.3726	0.3688	0.308	0.2584
太原	0.4013	0.3244	0.279	0.2547
包头	0.3257	0.3116	0.1628	0.2027
沈阳	0.4618	0.4136	0.2613	0.2884
大连	0.3597	0.4184	0.3676	0.2747
鞍山	0.3747	0.393	0.2017	0.2422
长春	0.6692	0.3916	0.2125	0.3472
吉林	0.3439	0.2819	0.2681	0.2247
哈尔滨	0.3411	0.3733	0.2276	0.2321
大庆	0.3555	0.33	0.199	0.2236
上海	0.6399	0.4003	0.5446	0.4049
南京	0.5577	0.3448	0.415	0.3403
常州	0.3491	0.3381	0.2142	0.2259
无锡	0.4232	0.4056	0.2114	0.2634
苏州	0.4059	0.3034	0.2019	0.2371
泰州	0.4421	0.3636	0.3136	0.2829
杭州	0.4015	0.4315	0.4506	0.3083
宁波	0.4559	0.3732	0.2827	0.2833
合肥	0.4723	0.3976	0.3724	0.3113
福州	0.3046	0.3872	0.2759	0.2315
厦门	0.4662	0.406	0.251	0.2865
南昌	0.3639	0.3261	0.3402	0.2541
济南	0.4680	0.4329	0.3526	0.3122
青岛	0.4825	0.3805	0.4264	0.3227

续表

高新区	经济发展	资源与环境	能力建设	综合得分
淄博	0.4213	0.2575	0.34	0.2618
潍坊	0.3891	0.3824	0.3352	0.2721
威海	0.4120	0.3655	0.286	0.2672
郑州	0.4136	0.4158	0.5027	0.3201
洛阳	0.3832	0.369	0.3241	0.2654
武汉	0.3646	0.4369	0.3376	0.2738
襄樊	0.3763	0.3556	0.3089	0.2575
长沙	0.3625	0.3995	0.3375	0.2663
株洲	0.3238	0.2901	0.3008	0.2257
湘潭	0.3038	0.2038	0.3154	0.2061
广州	0.4309	0.4393	0.3774	0.3054
深圳	0.4385	0.4355	0.37	0.3059
珠海	0.3122	0.3751	0.186	0.2140
惠州	0.3121	0.3692	0.1414	0.2040
中山	0.3085	0.3659	0.1913	0.2121
佛山	0.3485	0.3576	0.2189	0.2301
南宁	0.2825	0.3849	0.1883	0.2058
桂林	0.2592	0.2851	0.1774	0.1775
海南	0.3200	0.3524	0.168	0.2090
成都	0.4530	0.4411	0.503	0.3386
重庆	0.2734	0.3791	0.2068	0.2053
绵阳	0.2484	0.3637	0.1991	0.1922
贵阳	0.2192	0.3244	0.2044	0.1760
昆明	0.4281	0.3276	0.2763	0.2641
西安	0.4691	0.47	0.3641	0.3216
宝鸡	0.3292	0.389	0.1853	0.2223
杨凌	0.2238	0.3243	0.1333	0.1634
兰州	0.3493	0.3551	0.121	0.2104
乌鲁木齐	0.3500	0.3587	0.1939	0.2259

经计算并排名，56个高新区定量指标得分及排名，见表4-34。

表4-34　56个高新区定量指标得分及排名

高新区	得分	排名	高新区	得分	排名	高新区	得分	排名
北京	0.4441	1	大连	0.2747	20	乌鲁木齐	0.2259	39
上海	0.4049	2	武汉	0.2738	21	株洲	0.2257	40
长春	0.3472	3	潍坊	0.2721	22	吉林	0.2247	41
南京	0.3403	4	威海	0.2672	23	大庆	0.2236	42
成都	0.3386	5	长沙	0.2663	24	宝鸡	0.2223	43
青岛	0.3227	6	洛阳	0.2654	25	珠海	0.2140	44
西安	0.3216	7	昆明	0.2641	26	中山	0.2121	45
郑州	0.3201	8	无锡	0.2634	27	兰州	0.2104	46
济南	0.3122	9	淄博	0.2618	28	海南	0.2090	47
合肥	0.3113	10	保定	0.2584	29	湘潭	0.2061	48
杭州	0.3083	11	襄樊	0.2575	30	南宁	0.2058	49
深圳	0.3059	12	太原	0.2547	31	重庆	0.2053	50
广州	0.3054	13	南昌	0.2541	32	惠州	0.2040	51
天津	0.2941	14	鞍山	0.2422	33	包头	0.2027	52
石家庄	0.2926	15	苏州	0.2371	34	绵阳	0.1922	53
沈阳	0.2884	16	哈尔滨	0.2321	35	桂林	0.1775	54
厦门	0.2865	17	福州	0.2315	36	贵阳	0.1760	55
宁波	0.2833	18	佛山	0.2301	37	杨凌	0.1634	56
泰州	0.2829	19	常州	0.2259	38			

从表4-34中可以看出，定量指标评价中北京占据首位，紧随其后的有上海、长春、南京、成都、青岛、西安、郑州、济南、合肥。表中最高得分的北京也只有0.4441，最低的杨凌高新区只有0.1634，由于所占的比例为64.7%，亦即相对于总分为1中分别占了0.6864、0.2526，从这一比值来看，数据并不高，说明各高新区还有提升的空间。

3. 综合评价分析

对56个高新区公共治理的绩效进行综合评价，可以把定性分析与定量分析综合在一起进行分析，其中定性指标的权重为0.353，定量指标的权重为0.647。为了能与定量指标同度量计算，先对定性指标折算成100%（除以35.3%）后再无量纲化（采用改进型公式，α 取0.5），对无量化的结果乘以35.3%，再乘以各自得分与满分5分的之比，计算后的结果与定量指标的得分相加即为综合评价得分，见表4-35。

表4-35　56个高新区定性指标及定量指标得分

高新区	原定性指标得分	定性指标换算得分	定性指标无量纲化	定性指标无量纲化换算得分	定性指标标准化后实际得分	定量指标得分	定性定量指标总和
北京	1.6714	4.7349	0.9980	0.3523	0.3336	0.4441	0.7777
天津	1.6299	4.6173	0.9655	0.3408	0.3147	0.2941	0.6088
石家庄	1.3728	3.8888	0.7644	0.2698	0.2099	0.2926	0.5025
保定	1.2633	3.5789	0.6788	0.2396	0.1715	0.2584	0.4299
太原	1.3460	3.8131	0.7435	0.2625	0.2002	0.2547	0.4549
包头	1.3086	3.7072	0.7143	0.2521	0.1869	0.2027	0.3896
沈阳	1.5054	4.2645	0.8681	0.3064	0.2614	0.2884	0.5498
大连	1.5259	4.3227	0.8842	0.3121	0.2698	0.2747	0.5445
鞍山	1.2664	3.5874	0.6812	0.2405	0.1725	0.2422	0.4147
长春	1.5029	4.2574	0.8662	0.3058	0.2604	0.3472	0.6076
吉林	1.3509	3.8268	0.7473	0.2638	0.2019	0.2247	0.4266
哈尔滨	1.3691	3.8783	0.7615	0.2688	0.2085	0.2321	0.4406
大庆	1.3255	3.7549	0.7274	0.2568	0.1928	0.2236	0.4164
上海	1.6740	4.7421	1.0000	0.3530	0.3348	0.4049	0.7397
南京	1.4774	4.1851	0.8462	0.2987	0.2500	0.3403	0.5903
常州	1.3779	3.9033	0.7684	0.2712	0.2118	0.2259	0.4377
无锡	1.5038	4.2600	0.8669	0.3060	0.2607	0.2634	0.5241
苏州	1.6110	4.5636	0.9507	0.3356	0.3063	0.2371	0.5434

续表

高新区	原定性指标得分	定性指标换算得分	定性指标无量纲化	定性指标无量纲化换算得分	定性指标标准化后实际得分	定量指标得分	定性定量指标总和
泰州	1.2603	3.5703	0.6765	0.2388	0.1705	0.2829	0.4534
杭州	1.5984	4.5281	0.9409	0.3321	0.3008	0.3083	0.6091
宁波	1.5133	4.2869	0.8743	0.3086	0.2646	0.2833	0.5479
合肥	1.4390	4.0763	0.8162	0.2881	0.2349	0.3113	0.5462
福州	1.3776	3.9025	0.7682	0.2712	0.2116	0.2315	0.4431
厦门	1.5146	4.2907	0.8754	0.3090	0.2652	0.2865	0.5517
南昌	1.3220	3.7450	0.7247	0.2558	0.1916	0.2541	0.4457
济南	1.4742	4.1762	0.8438	0.2978	0.2488	0.3122	0.5610
青岛	1.5154	4.2929	0.8760	0.3092	0.2655	0.3227	0.5882
淄博	1.2853	3.6410	0.6960	0.2457	0.1789	0.2618	0.4407
潍坊	1.3251	3.7537	0.7271	0.2567	0.1927	0.2721	0.4648
威海	1.4343	4.0630	0.8125	0.2868	0.2331	0.2672	0.5003
郑州	1.4340	4.0624	0.8123	0.2868	0.2330	0.3201	0.5531
洛阳	1.3115	3.7154	0.7165	0.2529	0.1880	0.2654	0.4534
武汉	1.6392	4.6436	0.9728	0.3434	0.3189	0.2738	0.5927
襄樊	1.2386	3.5088	0.6595	0.2328	0.1634	0.2575	0.4209
长沙	1.4896	4.2197	0.8558	0.3021	0.2549	0.2663	0.5212
株洲	1.3492	3.8221	0.7460	0.2633	0.2013	0.2257	0.4270
湘潭	1.3077	3.7046	0.7135	0.2519	0.1866	0.2061	0.3927
广州	1.6212	4.5925	0.9587	0.3384	0.3108	0.3054	0.6162
深圳	1.6313	4.6213	0.9666	0.3412	0.3154	0.3059	0.6213
珠海	1.1067	3.1351	0.5563	0.1964	0.1231	0.214	0.3371
惠州	1.2139	3.4389	0.6402	0.2260	0.1554	0.204	0.3594
中山	1.4891	4.2184	0.8554	0.3020	0.2548	0.2121	0.4669
佛山	1.3701	3.8814	0.7624	0.2691	0.2089	0.2301	0.4390
南宁	1.3220	3.7450	0.7247	0.2558	0.1916	0.2058	0.3974

续表

高新区	原定性指标得分	定性指标换算得分	定性指标无量纲化	定性指标无量纲化换算得分	定性指标标准化后实际得分	定量指标得分	定性定量指标总和
桂林	1.1853	3.3579	0.6178	0.2181	0.1465	0.1775	0.3240
海南	1.0347	2.9312	0.5000	0.1765	0.1035	0.209	0.3125
成都	1.6159	4.5777	0.9546	0.3370	0.3085	0.3386	0.6471
重庆	1.4758	4.1808	0.8450	0.2983	0.2494	0.2053	0.4547
绵阳	1.4034	3.9756	0.7884	0.2783	0.2213	0.1922	0.4135
贵阳	1.1397	3.2287	0.5821	0.2055	0.1327	0.176	0.3087
昆明	1.3339	3.7788	0.7340	0.2591	0.1958	0.2641	0.4599
西安	1.6229	4.5973	0.9600	0.3389	0.3116	0.3216	0.6332
宝鸡	1.2290	3.4814	0.6519	0.2301	0.1602	0.2223	0.3825
杨凌	1.4209	4.0251	0.8020	0.2831	0.2279	0.1634	0.3913
兰州	1.1892	3.3689	0.6209	0.2192	0.1477	0.2104	0.3581
乌鲁木齐	1.1574	3.2787	0.5960	0.2104	0.1379	0.2259	0.3638

56个高新区公共治理绩效评价的最后得分及排名，见表4-36。

表4-36　56个高新区公共治理绩效评价的最后得分及排名

高新区	得分	排名	高新区	得分	排名	高新区	得分	排名
北京	0.7777	1	苏州	0.5434	20	株洲	0.4270	39
上海	0.7397	2	无锡	0.5241	21	吉林	0.4266	40
成都	0.6471	3	长沙	0.5212	22	襄樊	0.4209	41
西安	0.6332	4	石家庄	0.5025	23	大庆	0.4164	42
深圳	0.6213	5	威海	0.5003	24	鞍山	0.4147	43
广州	0.6162	6	中山	0.4669	25	绵阳	0.4135	44
杭州	0.6091	7	潍坊	0.4648	26	南宁	0.3974	45
天津	0.6088	8	昆明	0.4599	27	湘潭	0.3927	46
长春	0.6076	9	太原	0.4549	28	杨凌	0.3913	47
武汉	0.5927	10	重庆	0.4547	29	包头	0.3896	48

续表

高新区	得分	排名	高新区	得分	排名	高新区	得分	排名
南京	0.5903	11	泰州	0.4534	30	宝鸡	0.3825	49
青岛	0.5882	12	洛阳	0.4534	31	乌鲁木齐	0.3638	50
济南	0.5610	13	南昌	0.4457	32	惠州	0.3594	51
郑州	0.5531	14	福州	0.4431	33	兰州	0.3581	52
厦门	0.5517	15	淄博	0.4407	34	珠海	0.3371	53
沈阳	0.5498	16	哈尔滨	0.4406	35	桂林	0.3240	54
宁波	0.5479	17	佛山	0.4390	36	海南	0.3125	55
合肥	0.5462	18	常州	0.4377	37	贵阳	0.3087	56
大连	0.5445	19	保定	0.4299	38			

4.3 高新区公共治理绩效评价结果的分析

从对56个高新区定性指标的分析可知，上海、北京、武汉、深圳、天津、西安、广州、成都、苏州、杭州位列前十位，这说明直辖市及一些副省级城市的高新区在园区安全与稳定、教育与卫生、社会保障、园区创新与文化等社会发展指标上还是得到了专家的肯定，而处于不发达地区及偏远地区的兰州、桂林、乌鲁木齐、贵阳、海南等高新区相比较大城市及沿海发达地区在社会发展的基础及条件还有些差距，当然这里的评价带有主观成分，仅供参考。

本次高新区公共治理绩效的定量指标评价，更多的是考虑了相对指标，如人均总收入、人均利润……当然总量指标也是考虑的重要因素，但相对于相对指标，赋予的权重要小一些，本次评价更多的是看绩效如何。在经济规模与效率上，上海超越了北京列为首位，而南京、长春、厦门也表现较好，分别位于第二至第四位，2006年才升级为国家级高新区的宁波高新区升至第10位。在利润与税收方面，除了长春表现抢眼列为第一位外，北京、合肥、上海等高新区处于前列；在资产与负债上，兰州高新区由于负债水平及平均资产的良好指标列为第一名，在利润税收、总收入等方面体量较大的北京、上海高新区也名列前茅，表现出经济发展方面强劲的实力，市场效率上北京、济南、西安表现较好，处于前3位。综合经济规模与效率、利润与税收、资产与负债、市场效率，长春、上海、北京、南京、青岛、合肥、西安、济南、厦门、沈阳等高新区排名处于前10位。

关于资源与环境方面，虽然基础设施、生态环境被当作了定性指标，在余下的人力资源、科技企业孵化器、资源消耗等方面的综合评价，其结果北京、西安、成都、广州、武汉、深圳、济南、杭州、大连、郑州排在前10位。而在R&D活动、科技活动、科技产出、知识创造等能力建设的评价上，56个高新区中北京、上海、成都、郑州、杭州、青岛、南京、广州、石家庄、合肥排在前10位。综合考虑经济发展、资源与环境、能力建设等定量指标的评价，北京占据首位，紧随其后的有上海、长春、南京、成都、青岛、西安、郑州、济南、合肥。此外，杭州、深圳、广州、天津、石家庄、沈阳、厦门、宁波、泰州、大连、武汉、潍坊、威海、长沙、洛阳、昆明、无锡、淄博、保定、襄樊、太原、南昌、鞍山、苏州、哈尔滨、福州、佛山、常州、乌鲁木齐、株洲、吉林、大庆、宝鸡、珠海、中山、兰州、海南、湘潭、南宁、重庆、惠州、包头、绵阳、桂林、贵阳、杨凌分别排在11—56位。

综上以上定性指标与定量指标，经数据处理，高新区公共治理绩效评价结果为北京、上海、成都、西安、深圳、广州、杭州、天津、长春、武汉、南京、青岛、济南、郑州、厦门、沈阳、宁波、合肥、大连、苏州、无锡、长沙、石家庄、威海、中山、潍坊、昆明、太原、重庆、泰州、洛阳、南昌、福州、淄博、哈尔滨、佛山、常州、保定、株洲、吉林、襄樊、大庆、鞍山、绵阳、南宁、湘潭、杨凌、包头、宝鸡、乌鲁木齐、惠州、兰州、珠海、桂林、海南、贵阳。

4.3.1　经济发展指标比较分析

高新区公共治理绩效评价的经济发展A2一级指标中共设置了经济规模与效率B21、利润与税收B22、资产与负债B23、市场效率B24四个二级指标。最后综合经济规模与效率、利润与税收、资产与负债、市场效率，长春、上海、北京、南京、青岛、合肥、西安、济南、厦门、沈阳等高新区排名处于前10位。

表 4-37 经济发展指标排名前 10 位的高新区比较

经济发展指标总排名	高新区	经济规模与效率排名	利润与税收排名	资产与负债排名	市场效率排名
1	长春	3	1	11	12
2	上海	1	4	2	8
3	北京	5	2	4	1
4	南京	2	5	13	11
5	青岛	6	8	21	20
6	合肥	26	3	17	19
7	西安	18	11	7	3
8	济南	28	6	18	2
9	厦门	4	15	49	29
10	沈阳	15	20	9	4

长春高新区能够在经济发展总指标中排名第一，与本章绩效评价强调人均指标作用有关。长春高新区的从业人员数为 107091，与北京(1096562)和上海(308800)相比，只占到它们的 9.76%和 34.68%，这使得它在计算总排名时能够占优。同时，长春高新区无论是工业总产值(189986211)、营业总收入(194700728)、净利润(17443754)、上交税额(16868816)等重要指标，占到北京的 45.3%、14.98%、18.23%、25.50%。占到上海的 56.31%、40%、58.24 %、66.79%。长春高新区紧抓国家建设东北老工业区的宏观形势，发展汽车及零部件、生物与医药、光电技术、信息技术和新材料新能源等优势主导产业，产生了巨大的经济发展效益。

上海与北京在高新区整体经济发展指标得分的差距并不大，上海(0.6399)、北京(0.6340)，基本上处于同一层次。上海在经济规模与效率上排名第一，而北京则在市场效率上排名第一，这也反映了这两个高新区在经济建设上的特色，2009 年，上海张江高新区实现工业总产值 3548.53 亿元，比 2008 年增长 5.19%；总收入 5169.34 亿元，比去年同期 13.53%；实现利税 653.60 亿元，比上一年增长 40.15%。这样的增幅在全国国家高新区中是少见的。同样，北京中关村作为我国第一个国家自主创新示范区，汇聚以联想、百度为代表的高新技术企业近 2 万家，形成了以电子信息、生物医药、能源环保、新材料、先进制造、航空航天为代表，以研发和服务为主要形态的高新技术产业集群，市场效率较高。

资产与负债指标排名第一位的是兰州高新区，同样也源于其人均指标较为突出，该高新区年末资产(149869552)，年末负债(43600710)，再计算其人均指标时，由于兰州高新区位于西部，75805 的从业人员数使其在资产与负债指标方面排名第一。

4.3.2　资源与环境指标的定量指标比较分析

高新区公共治理绩效评价的资源与环境一级指标中包含了人力资源、科技企业孵化器、资源消耗三个定量二级指标。综合资源与环境指标中定量指标，北京、西安、成都、广州、武汉、深圳、济南、杭州、大连、郑州排在前 10 位。

表 4-38　资源与环境指标中定量指标排名前 10 位的高新区比较

资源与环境指标中定量指标排名	高新区	人力资源排名	科技企业孵化器排名	资源消耗排名
1	北京	1	19	9
2	西安	3	1	28
3	成都	10	5	16
4	广州	2	15	15
5	武汉	7	3	31
6	深圳	6	4	34
7	济南	9	6	19
8	杭州	5	27	3
9	大连	8	14	27
10	郑州	24	2	21

北京在资源与环境指标中定量指标排名第一，与其强大的人力资源优势有关。2009 年其千人大专学历数(736001)，是杨凌千人大专学历数(4587)的 160 倍。千人中高级职称数(170786)，是杨凌千人中高级职称数(1583)的 107 倍。千人高技术服务业从业人数(0.4669)，是杨凌千人高技术服务业从业人数(0.0945)的近 5 倍。但其在科技企业孵化器指标排名 19 位，资源消耗指标排名第 9 位，虽然不能动摇北京在资源与环境指标中

定量指标的排名,一方面反映出其对科技企业的孵化更重视其质量而非数量,另一方面资源消耗方面仍与国家自主创新示范区建设的要求存在差距。在这方面,科技企业孵化器指标排名第一的西安高新区也要在降低万元产值能耗、单位增加值综合能耗及工业废水排放量等方面,做出更大的努力。同样,在资源消耗上排序第一的厦门高新区,但是与即便新晋国家队的宁波高新区相比,无论是千人大专学历数、千人中高级职称数,还是千人高技术服务业从业人数都处于下风,千人中高级职称数更是相差近一倍,这些制约了厦门高新区在该类指标的总排名(12 位)。

由于高新区中的科技企业孵化器以相关的高新区科技创业中心等加以统计,一些存在遗漏,故以上排名对于个别高新区不能真实反映实际情况,如南京高新技术产业开发区。

4.3.3 能力建设指标中定量指标比较分析

高新区公共治理绩效评价的能力建设 A4 一级指标中包含了 R&D 活动 B41、科技活动 B42、科技产出 B43、知识创造 B44 四个定量二级指标。综合能力建设指标中定量指标,北京、上海、成都、郑州、杭州、青岛、南京、广州、石家庄、合肥排在前 10 位。

表 4-39 能力建设指标中定量指标排名前 10 位的高新区比较

能力建设指标中定量指标排名	高新区	R&D 活动排名	科技活动排名	科技产出排名	知识创造排名
1	北京	1	1	1	2
2	上海	5	2	2	6
3	成都	4	5	4	12
4	郑州	2	3	11	15
5	杭州	7	8	5	5
6	青岛	20	4	40	1
7	南京	10	7	12	13
8	广州	8	15	10	20
9	石家庄	3	13	27	38
10	合肥	9	12	15	19

北京在能力建设指标定量部分排名是一枝独秀，其 R&D 费用(23542336)是上海(9566593)的 2.5 倍，排名最后的杨凌仅为 42915。北京在科技活动人员数(321717)和科技活动经费(56995445)，分别是上海的 3.4 倍和 2.3 倍，显示了其强大发展能力。但上海在千人发明专利、千人知识产权和千人商标数方面却与北京较为接近，在高技术企业占比上更是高出北京 15%，这从侧面反映了上海高新区发展的潜力。青岛和泰州能在知识创造方面的第一和第三，分别也与其在千人商标数和千人发明专利指标占优有关。

4.3.4　评价综合结果分析

1. 排名前后 10 位的高新区公共治理绩效结果分析

综上社会发展、经济发展、资源与环境、能力建设及行政效果等五个一级指标的定性与定量的分析，经数据处理，北京、上海、成都、西安、深圳、广州、杭州、天津、长春、武汉排在高新区公共治理绩效评价的前10位。杨凌、包头、宝鸡、乌鲁木齐、惠州、兰州、珠海、桂林、海南、贵阳排在最后 10 位。

表 4-40　公共治理绩效综合排名前 10 位的高新区各指标排名

综合排名	高新区	定量指标排名	各子定量指标中的排名			定性指标排名
			经济发展指标排名	资源与环境指标中定量指标排名	能力建设中定量指标排名	
1	北京	1	3	1	1	2
2	上海	2	2	14	2	1
3	成都	5	12	3	3	8
4	西安	7	7	2	14	6
5	深圳	12	14	6	12	4
6	广州	13	16	4	8	7
7	杭州	11	24	8	5	10
8	天津	14	18	17	11	5
9	长春	3	1	19	38	17
10	武汉	21	31	5	18	3

北京排在国家高新区公共治理绩效评价第一名，是名不虚传的。在定量指标中排在首位，显示了北京公共治理做得好所带来的经济效应和社会效益，显示了其极好的发展势头。在专家评判的定性指标中也排在前2位，与第1名上海得分只差0.0026。这些都与北京中关村园区在公共治理方面所获得的资源和优势有密切关系。2009年3月13日，国务院批复建设中关村国家自主创新示范区，要把中关村建设成为具有全球影响力的科技创新中心，这也是我国第一个国家自主创新示范区。同时，国家把北京中关村、上海张江、深圳、西安、武汉、成都高新区作为我国冲刺具有世界一流水平的高科技园区的试点，使这6个高新区在国内高新区中所处第一集团的发展势头，拥有比其他高新区更多的自主政策和治理模式改革的权利。从本章的公共治理绩效评价结果而言，这6个高新区都进入到了前10位。这种体现国家意志的政策优势是其他高新区无法比拟的，也客观上造成如武汉高新区虽然定量指标位置并不靠前，但仍能进入前10位的状况。

另外，进入前10位的高新区还有广州、杭州、天津、长春。广州、杭州、天津的入围与这些高新区所处城市的地位有明显的关系。天津是直辖市，广州和杭州是副省级城市，原先具有较好的公共治理基础也保证了背靠这些城市的高新区公共治理能取得良好的绩效。长春在专家判分排名时并不突出，但是通过较好的经济发展态势等定量指标排名，使其能排入前10位，也显示了公共治理绩效提升的潜力。

同理，排在后10位的高新区中，多数位处于我国的中西部，公共治理基础和制度优势并不明显，加上定量指标排名靠后，专家定性评判分数也不高。但其中，尽管杨凌在多个指标中排名靠最后，但其作为我国农业特色园区建设的典型，又具有副省级的资格，使得其最终公共治理绩效并不在后3位之列。珠海高新区公共治理绩效排名靠后，但随着珠海市横琴国家级新区的成立，新区的辐射效应将会极大提升珠海高新区的公共治理绩效。

2. 高新区公共治理绩效与高新区所在城市级别和政策优势的关系分析

高新区作为我国区域经济发展的一个单元，管委会往往是所在城市一级的派出机构，在园区开放及公共服务提供方面享有市级权限，故其公共治理绩效与所在城市级别和政策优势有着密切联系。这方面，直辖市和副省级城市的优势比较明显。如公共治理绩效排名前10位的高新区都是直辖市或副省级城市，而大部分的所属副省级城市都处于公共治理绩效的前列。

表4-41　所属城市级别为直辖市和副省级城市的高新区公共治理绩效排名

综合排名	高新区	成立年份	所属城市级别	国家建设试点
1	北京	1988	直辖市	一流高新区
2	上海	1991	直辖市	一流高新区
3	成都	1991	副省级	一流高新区
4	西安	1991	副省级	一流高新区
5	深圳	1996	副省级	一流高新区
6	广州	1991	副省级	
7	杭州	1991	副省级	
8	天津	1991	直辖市	
9	长春	1991	副省级	
10	武汉	1991	副省级	一流高新区
11	南京	1991	副省级	
12	青岛	1992	副省级	
13	济南	1991	副省级	
15	厦门	1991	副省级	
16	沈阳	1991	副省级	
17	宁波	2007	副省级	
19	大连	1991	副省级	
29	重庆	1991	直辖市	
35	哈尔滨	1991	副省级	
44	绵阳	1992	副省级待遇	
47	杨凌	1997	副省级待遇	

重庆高新区是所属城市系直辖市后唯一排名靠后的高新区，尽管享有直辖市权限，但是其定量指标排名处于50位，影响了其的综合排名。另外，

除哈尔滨高新区外，其他14个高新区都排名综合前20位，究其原因，除了定量指标排名不突出外，频繁的与经开区合并和分立也影响了其排名。2001年，哈高新区和哈经开区管理机构合并。2009年，哈高新区和哈经开区管理机构分设。绵阳和杨凌高新区享有副省级待遇（绵阳高新区四川省财政在财政补助问题上对成都、重庆、绵阳高新区同等对待。杨凌高新区管委会根据省政府授权，具有地市级行政管理权和省级经济管理权，领导示范区和杨凌区人民政府的工作），也使这两个区虽然定量指标很靠后（绵阳53位，杨凌56位），但最终综合排名不垫底（分别44位和47位）。

同时，国家关于北京、上海、深圳、西安、武汉、成都高新区作为我国冲刺具有世界一流水平的高科技园区的试点的国家意志所带来的政策优势，也使这些高新区在公共治理绩效综合排名中靠前。

3. 高新区公共治理绩效与政府权力规范间的关系分析

我国高新区管委会目前是行使公共治理的主体，但代表政府的管委会却往往存在政府职能定位不清楚，服务不到位，管理层次多，行政效率低、行为不规范的问题。政府推进高新区建设有两个任务：一是从园区特有的市场化程度和高新技术产业发展的规律出发，为企业创造符合市场经济规律的环境和条件；二是在过渡阶段继续整合区域创新资源以推进重大产业化项目和重要产业基地建设。这同样要求明确把体制创新放第一位，强调以法治园，尊重市场主体，等等。而这些往往是以地方高新区条例的形式出现的。这些高新区条例用专章的法律形式，专门对政府的行为进行规范。它将政府定位于服务市场、辅助市场、推动市场、保障市场的地位。比较系统地解决了中国市场，尤其是高新技术市场条件下政府的主要行为规则，解决了市场主体特别头疼的一系列问题，对提升公共治理绩效有着重要的作用。我国部分高新区进行了这方面的尝试和创新。

表4-42 颁布高新区条例的高新区公共治理绩效排名

综合排名	高新区	成立年份	管委会职责	颁发高新区条例
1	北京	1988	管委会是负责园区发展建设进行综合指导的市政府派出机构。实行大管委会和各子园区管委会两级管理体制	颁布《中关村科技园区条例》

续表

综合排名	高新区	成立年份	管委会职责	颁发高新区条例
4	西安	1991	高新区独立行使市级行政执法权的职能，负责高新区的财政、国有资产管理；负责高新区内的土地、规划、建设、房产、市容环卫、市政、公用事业、环境保护、园林绿化的管理等	颁布《西安市开发区条例》
5	深圳	1996	高新区由市政府统一领导、统一政策、统一规划、统一管理。实行"开放式"管理体制，即在国家有关法律、法规之下，不改变政府各部门现有职权管辖范围	颁布《深圳经济特区高新技术产业园区条例》
7	杭州	1991	政区合一对区内事务进行管理	颁布《杭州高新技术产业开发区条例》
9	长春	1991	管委会是市人民政府的派出机构，对区内的经济、社会事业、行政工作实施统一领导、统一规划、统一管理	颁布《长春高新技术产业开发区条例》
10	武汉	1991	东湖高新管委会是省政府的派出机构，委托市政府管理，在高新区内集中行使市政府授予的市级经济与社会行政管理权限	1994年颁布《武汉东湖新技术开发区条例》，2010年进行重新修订
13	济南	1991	高新区管委会是市人民政府的派出机构，行使市人民政府授予的市级管理权限，对高新区实行统一领导和统一管理	颁布《济南高新技术产业开发区条例》
15	厦门	1991	高新区管委会代表市政府对高新区行使市一级经济和行政管理权限	颁布《厦门经济特区高新技术产业园区条例》
17	宁波	2007	高新区管委会是宁波市人民政府的派出机构，由市人民政府授权，在其管理区域内行使相关的市级经济管理权限和相当于县级社会和行政管理职能	颁布《宁波高新技术产业园区条例》
19	大连	1991	管委会作为市政府的派出机构，在市人民政府领导下对高新区实施管理，行使市人民政府有关经济管理权限和其他相关行政管理职能	颁布《大连高新技术产业园区管理条例》
22	长沙	1991	管委会为市一级派出机构，与市级相关行政机构共同管理	颁布《长沙高新技术产业开发区条例》
23	石家庄	1991	由高新区工委和管委会负责高新区内经济管理、基本建设的相关行政管理	颁布《石家庄高新技术产业园区管理条例》

续表

综合排名	高新区	成立年份	管委会职责	颁发高新区条例
27	昆明	1992	高新区管委会是昆明市人民政府的派出机构,根据授权对高新区实行统一领导和管理	颁布《昆明高新技术产业开发区条例》
32	南昌	1992	高新区实行"省市共建共管,以市为主"的管理体制,高新区管委会按照省、市政府的授权对高新区行使项目审批、土地管理、规划建设、人事劳资等市级经济管理权限和部分行政管理权限,高新区设有一级财政和独立金库	颁布《南昌高新区条例》
43	鞍山	1992	管委会是鞍山市人民政府的派出机构,行使市级经济管理权和市政府授予的相应的行政管理权,对高新区实行统一领导和管理	颁布《鞍山高新技术产业开发区管理条例》
45	南宁	1992	高新区管委会行使市一级社会经济管理权限和部分行政职能	颁布《南宁高新技术开发区管理条例》
50	乌鲁木齐	1992	高新区管委会代表市人民政府行使市一级管理权限,对高新区实行统一领导和管理	颁布《乌鲁木齐高新技术产业开发区管理条例》
52	兰州	1991	高新区管委会按照市人民政府授予的职权,对高新区内的经济、行政和社会事务进行管理	颁布《兰州高新技术产业开发区条例》
56	贵阳	1992	高新区管委会是市人民政府的派出机构,按照市人民政府授予的职权,在高新区内行使市级经济管理和行政管理权限	颁布《贵阳高新技术产业开发区条例》(2010年颁布)

这些颁布各自条例的高新区,在总体排名上靠前(除了排名倒数的高新区主要因为定量指标排后的原因外),显示了这些高新区法制环境改善对公共治理的重要性。例如根据新的形势,2010年武汉市新修订了《武汉东湖新技术开发区条例》,用法律的形式凸显了东湖新技术开发区的"新特区"地位,被称为是东湖新技术开发区新的"基本法"。根据新"基本法",东湖新技术开发区实行"小政府,大社会",并行使市级经济管理权限和社会行政管理职能,有权制定开发区经济和社会发展规划、土地利用总体规划、投资项目审批等。

4. 高新区公共治理绩效与高新区区域职能合并的关系分析

为了解除原有管理模式上的束缚,各高新区进行了一系列大胆的创新和尝试。尤其是当原有管理模式已无法驾驭日益复杂的资源配置、管理协调和社区服务时，且园区的发展需要更广泛的区外环境支持时，部分高新区进行了与行政区或经济开发区的合并。

表 4-43 实行区域职能合并的高新区公共治理绩效排名

综合排名	高新区	成立年份	区域职能合并情况
2	上海	1991	独立行政区。2006 年上海高新技术产业开发区更名为上海张江高新技术产业开发区
6	广州	1991	1998 年到 2002 年，广州经济技术开发区、广州高新技术产业开发区、广州保税区、广州出口加工区“四区合一”形成广州开发区。2005 年 4 月，经国务院批准，在广州开发区基础上，整合周边农村地区，设立广州开发区（萝岗区）
7	杭州	1991	2002 年高新区与滨江区两区管理体制调整，实行“两块牌子、一套班子”
11	南京	1991	高新区与浦口区合并，实现统一发展规划、城市设计、基础建设、城市管理、产业布局、拆迁安置、土地管理
12	青岛	1992	2006 年在胶州湾北部扩区，形成高新区胶州湾北部主园区 2007 年青岛市委、市政府调整成立新的青岛高新区
16	沈阳	1991	2001 年 1 月，沈阳市委、市政府在高新区基础上组建“浑南新区”
20	苏州	1992	2002 年将高新区与虎丘区合并，成立高新区（虎丘区）
21	无锡	1992	1995 年在高新区的基础上正式成立无锡新区
37	常州	1992	2002 年在高新区基础上成立新北区
39	株洲	1992	2000 年年底，株洲高新区与株洲市天元区进行职能归并、效能整合，实行统一的领导体制、统一的财政体制、统一的人事管理和统一的机构设置
41	襄樊	1992	2005 年，经湖北省委、省政府批准，襄阳市委、市政府决定，将原襄樊国家高新技术产业开发区与襄樊汽车产业经济技术开发区合并，组建新的襄樊国家高新技术产业开发区
43	鞍山	1992	1999 年与鞍山经济技术开发区合并
54	桂林	1991	桂林国家高新区和七星区 1997 年合并建成桂林高新区（七星区）

除个别因定量指标排名靠后的高新区外，实施区域职能合并的高新区的公共治理绩效的排名都不低。区域职能合并后的高新区实行统一的领导体制、统一的财政体制、统一的人事管理和统一的机构设置，可以在全区范围内整合智力、土地、金融等资源，从而为园区公共治理提供更多的支持。

第五章 我国高新区公共治理存在问题及治理模式选择

5.1 我国高新区公共治理存在问题及原因

随着我国高新区的快速发展，高新区管理体制也随之进行了系列改革，如从最初的管委会到在管委会下建立开发公司，再到管委会与开发公司并行。但总体而言，我国高新区公共治理基本是在政府行政权力授予的框架内进行，社会资本开始引入，但尚不足以对政府力量形成制衡。高新区法律地位处于在政府权力占主导，产权主体结构培育乏力的过渡阶段，实行的是不完整、不规范的企业制度。

5.1.1 高新区公共治理现状

总体而言，目前我国高新区公共治理主要以政府行政管理为主体，管委会行使政府管理职权，实行有限公司化运营。但无论从我国高新区管理体制及运营模式的演化趋势，还是从现行模式自身的机构设置、权限设置以及执行流程来看，都带有明显的过渡性质。

其最主要的特点是：高新区运营管理基本在政府行政权力授予的框架内进行；社会资本开始引入，但尚不足以对政府力量形成制衡。高新区法律地位处于在政府权力不肯退出，产权主体结构培育乏力的过渡阶段，实行的是不完整、不规范的企业制度。比如高新区的补偿问题。在规范的企业制度运作下，作为承担部分公共职能的企业，政府有义务根据科学的评估体系以及补偿标准予以补偿，企业股东有权索要因为满足公共职能而多付出的成本补偿。企业和政府之间是法律保护下平等的契约关系。而如果主体仅仅是政府下设的“影子”企业，由于政府和企业之间缺乏清晰的产权职能划分，决策、投入、收入及分配并不在企业的实际权限范围内，必然导致无法形成对企业成本预算的有效制约，企业本身也缺乏主动制定评估体系、规范补偿程序的动力。在补偿金额、补偿方式上往往都是政府怎么定就怎么执行。在这样一种决策体制下，企业独立、正常的利益几乎很少被考虑。

表 5-1　我国国家级高新区公共治理模式及管委会职权

高新区	成立年份	模式	管委会职权
北京	1988	政府治理型	管委会是负责园区发展建设进行综合指导的市政府派出机构。实行大管委会和各子园区管委会两级管理体制
上海	1991	政府治理型	园区领导小组负责园区的规划编制、政策制定和组织协调工作。园区办公室是园区领导小组的办事机构，同时为市政府及浦东新区政府的派出机构。园区办公室根据市和浦东新区有关行政管理部门、机构的委托或者授权，负责园区内投资项目、基本建设项目的审批；负责园区内高新技术企业、软件企业、集成电路企业、高新技术成果转化项目的认定；协调其他行政管理部门对园区内企业的日常行政管理、年检和落实优惠政策；为园区内企业提供各种必要的服务
成都	1991	政府治理型	高新区实行省市共建、以市为主的领导体制，省市成立了共建成都高新区领导小组，加强对成都高新区建设发展的领导。高新区党工委管委会是成都市委、市政府的派出机构，承担了与行政区完全一样的党务、经济、行政和社会事务等职能
西安	1991	政府治理型	高新区独立行使市级行政执法权的职能，负责高新区的财政、国有资产管理；负责高新区内的土地、规划、建设、房产、市容环卫、市政、公用事业、环境保护、园林绿化的管理等
深圳	1996	政府治理型	高新区由市政府统一领导、统一政策、统一规划、统一管理。实行“开放式”管理体制，即在国家有关法律、法规之下，不改变政府各部门现有职权管辖范围
广州	1991	政府治理型	政区合一对区内事务进行管理
杭州	1991	政府治理型	政区合一对区内事务进行管理

续表

高新区	成立年份	模式	管委会职权
天津	1991	政府治理型	由高新区工委和管委会对园区进行管理。对口行使天津市发改委、经委、科委、外经贸委、经协办、技术监督局、知识产权局、安全生产监督局、统计局等多个部门的职能
长春	1991	政府治理型	管委会是市人民政府的派出机构，对区内的经济、社会事业、行政工作实施统一领导、统一规划、统一管理
武汉	1991	政府治理型	东湖高新管委会是省政府的派出机构，委托市政府管理，在高新区内集中行使市政府授予的市级经济与社会行政管理权限
南京	1991	政府治理型	浦口区作为一个整体，由浦口区和高新区统一编制和修订城市发展总体规划、土地利用总体规划以及产业发展、公共配套、社会事业等各类专项规划；高新区及周边街道的各类建设项目、基础设施、拆迁安置和城市设计由高新区统一管理实施；浦口区域内产业发展和重大项目的落户由浦口区和高新区统筹考虑、统一布局；对浦口区域内的各类建设项目用地，由浦口区、高新区统筹调配
青岛	1992	政府治理型	高新区工委、管委作为市委、市政府派出机构，主要领导由副市级领导担任，享有市级经济管理权限，设立独立一级财政
济南	1991	政府治理型	高新区管委会是市人民政府的派出机构，行使市人民政府授予的市级管理权限，对高新区实行统一领导和统一管理
郑州	1991	政府治理型	管委会负责高新区内经济管理、基本建设的相关行政管理
厦门	1991	政府治理型	高新区管委会代表市政府对高新区行使市一级经济和行政管理权限
沈阳	1991	政府治理型	管委会享有市级经济管理权限和项目审批权限，统一领导和管理区内的经济和社会发展工作，可以独立办理进区项目的一切审批手续
宁波	2007	政府治理型	高新区管委会是宁波市人民政府的派出机构，由市人民政府授权，在其管理区域内行使相关的市级经济管理权限和相当于县级社会和行政管理职能
合肥	1991	政府治理型	管委会部门编制类似县级编制，财政各方面独立。但是行政编制不是一级政府
大连	1991	政府治理型	管委会作为市政府的派出机构，在市人民政府领导下对高新区实施管理，行使市人民政府有关经济管理权限和其他相关行政管理职能
苏州	1992	政府治理型	按独立行政区进行管理

续表

高新区	成立年份	模式	管委会职权
无锡	1992	政府治理型	按独立行政区进行管理
长沙	1991	政府治理型	管委会为市一级派出机构，与市级相关行政机构共同管理
石家庄	1991	政府治理型	由高新区工委和管委会负责高新区内经济管理、基本建设的相关行政管理
威海	1991	政府治理型	管委会负责高新区内经济管理、基本建设的相关行政管理
中山	1991	政府治理型	高新区管委会为中山市人民政府派出机构，设置党政办、财政局、科委、教办等配套职能部门，并由管委会领导牵头成立大项目招商办，建立外经办、区客商服务中心、招商处、中小企业管理中心、三产办等部门的联合协调机制
潍坊	1992	政府治理型	管委会负责高新区内经济管理、基本建设的相关行政管理
昆明	1992	政府治理型	高新区管委会是昆明市人民政府的派出机构，根据授权对高新区实行统一领导和管理
太原	1992	政府治理型	管委会是市政府的派出机构，在高新区内对高新技术企业和园区的建设问题行使市政府的权力，全面负责高新区的规划、建设、管理和组织协调工作，并对财政、工商、税务进区提出要求
重庆	1991	政府治理型	高新区管委会负责行使经济发展职能，而社会事务则由九龙坡区政府统筹管理
泰州	2009	政府治理型	管委会负责高新区内经济管理、基本建设的相关行政管理
洛阳	1992	政府治理型	区党工委、管委会作为洛阳市委、市政府派出机构，在区内进行党务、行政和经济等各项管理
南昌	1992	政府治理型	高新区实行“省市共建共管，以市为主”的管理体制，高新区管委会按照省、市政府的授权对高新区行使项目审批、土地管理、规划建设、人事劳资等市级经济管理权限和部分行政管理权限，高新区设有一级财政和独立金库
福州	1991	政府治理型	高新区管委会拥有市一级的项目审批权限
淄博	1992	政府治理型	高新区工委、高新区管委员会是市委、市政府的派出机构，合署办公，在淄博高新区行使市级行政、经济、社会事务管理权限
哈尔滨	1991	政府治理型	高新区党工委和管委会作为市委、市政府的派出机构，行使市级经济建设管理权限
佛山	1992	政府治理型	高新区管委会为市政府的派出机构，负责高新区内经济管理、基本建设的相关行政管理
常州	1992	政府治理型	新北区与常州国家高新技术产业开发区合署办公，两块牌子，一个机构

续表

高新区	成立年份	模式	管委会职权
保定	1992	政府治理型	管委会拥有市级经济管理、土地审批、规划建设、政策实施等行政和法制职能
株洲	1992	政府治理型	政区合一对区内事务进行管理
吉林	1992	政府治理型	高新区党工委、管委会作为市委、市政府的派出机构对封闭区域内的党务、行政、经济及社会事务负全责，实行统一领导、统一规划、统一管理
襄樊	1992	政府治理型	高新区管委会在经济管理范围内行使市级计划、商务管理权。高新区内道路、供水、供电、供气、供热、通讯等基础设施及其他公共服务设施建设，纳入襄樊市建设总体规划和年度建设计划。高新区城管部门接受市城管局、高新区管委会双重管理，以管委会管理为主
大庆	1992	政府治理型	管委会负责高新区内经济管理、基本建设的相关行政管理
鞍山	1992	政府治理型	管委会是鞍山市人民政府的派出机构，行使市级经济管理权和市政府授予的相应的行政管理权，对高新区实行统一领导和管理
绵阳	1992	政府治理型	高新区管委会在土地征用和项目审批等方面具有市一级审批权限，四川省财政在财政补助问题上对成都、重庆、绵阳高新区同等对待
南宁	1992	政府治理型	高新区管委会行使市一级社会经济管理权限和部分行政职能
湘潭	2009	政府治理型	管委会为市一级派出机构，行使市级经济综合管理权限，对高新区实行统一管理
杨凌	1997	政府治理型	杨凌示范区党工委和管委会分别为陕西省委、省政府派出机构，正厅级建制，两者合署办公。示范区党工委根据省委授权，领导示范区党的工作和中共杨凌区委工作；示范区管委会根据省政府授权，具有地市级行政管理权和省级经济管理权，领导示范区和杨凌区人民政府的工作
包头	1992	政府治理型	高新区工委作为中共包头市委的派出机构。根据市委的授权，统一管理开发区内党的各项工作。管委会作为包头市人民政府的派出机构，在开发区范围内行使行政、经济、社会管理权限，对开发区实行统一领导、统一规划、统一管理
宝鸡	1992	政府治理型	高新区管委会是宝鸡市政府的派出机构，享有市一级经济管理权限和相应的行政管理职能。同时，宝鸡高新区管委会在外商投资管理等方面具有省一级管理权限
乌鲁木齐	1992	政府治理型	高新区管委会代表市人民政府行使市一级管理权限，对高新区实行统一领导和管理

续表

高新区	成立年份	模式	管委会职权
惠州	1992	政府治理型	高新区管委会行使市一级经济管理权限和县(区)一级行政管理权限,建立高新区一级财政管理体制
兰州	1991	政府治理型	高新区管委会按照市人民政府授予的职权,对高新区内的经济、行政和社会事务进行管理
珠海	1992	政府治理型	高新区管委会是珠海市人民政府的派出机构,负责唐家湾地区的经济和社会事务管理,行使市一级经济管理权和行政审批权
桂林	1991	政府治理型	市委、市政府对高新区实行封闭式管理体制和开放式发展模式,赋予高新区市一级经济管理权限和相关行政管理权限
海南	1991	政府治理型	海南海口国家高新区管委会是海口市人民政府的派出机构,对高新区的行政事务实施统一管理。
贵阳	1992	政府治理型	高新区管委会是市人民政府的派出机构,按照市人民政府授予的职权,在高新区内行使市级经济管理和行政管理权限

资源来源:各高新区网站、颁发《条例》及中国高新区协会和中国高新区研究中心调研获取。

这种带有显著过渡性机制的出现,一方面是因为在新的市场环境下,政府与市场都尚未就高新区这一特殊实体做出清晰的定位;另一方面也与高新区在我国经济发展中的特殊作用相关。

人均自然资源稀少、正处于工业化中级阶段的发展中国家是我国的基本国情。我国举办高新区的目的是充分发挥所在地区的优势,争取在较短的时间内在一定区域形成吸引外资的良好环境,来实现经济高速发展的目标。因此,政府干预在高新区的发展过程中扮演了最主要的角色。这一点也类似于20世纪60年代时的我国台湾地区和新加坡。随着市场经济体制的逐步建立和完善,同时借鉴国外高新区的发展经验,人们逐渐意识到企业化运作更能适应市场的需求,而且通过规范的成本预算和有竞争力的激励机制可以更好地实现吸引投资的目的。但由于高新区往往涉及大量的土地拆迁、居民的补偿安置及园区日常管理等行政性工作。特别是对于成立时期较早、规划面积较大国家级及享受国家级待遇的高新区而言,其行政职能尤为突出。例如,在国家首批批准的长春高新区常住居民人口已达到12万人,园区内建有完备的社会公共设施。武汉东湖高新区内常住人口达396597人（东湖高新区第六次全国人口普查数据，截至2010年11月1日零时），高新区管理范围由最初的2万平方公里增加到2010年的518平方公里，管委会事实上已经在行使管理一个城市新区的政府职能。正是因为我国高新区普遍承担着一定的宏观公共职能，因此，完全按照西方发达国家的范式实现其管理及运营机制向企业制度转化，在短时间内仍然无法实现。

5.1.2 存在问题

1. 行政职能与企业职能合一，造成高新区公共治理效率的降低

双重职能的合一，直接导致高新区的决策重心偏离市场效率。随着园区人口增加、公共设施完备，繁琐的行政事务管理无疑将牵扯高新区大量精力。而对行政事务的管理很容易将政府官员式的风格和习惯带进园区市场化运营的一面。双重职能的合一有可能会形成这样一种趋势：即进一步强化政府在高新区中的作用，使开发公司进一步沦为政府的附属品。同时，在此基础上形成的利益扭结将依托原本权力就已高度集中的制度设计进一步寻求固化和扩张。长此下去，必然将逐步降低高新区运行效率。

2. 双重职能的合一，增加了高新区管委会的定性难度

长期以来高新区管委会法定地位一直是缺失的。我国法律体系中并未对高新区管委会享有的行政权力及其管理体系加以确认，各地对管委会的职级、编制、权限、越权授级等问题没有明确的法律界定，也缺乏相应的监管制约。这直接导致管委会机构设置的随意性，并且出现人员低效率扩编。

3. 开发公司不是独立实体，无法建立公共治理的规范化市场化运作

高新区公共治理往往是采取政府投资，管委会代行国有资产运营监管职能的方式。在现行政企不分的前提下，高新区公司作为政府直接投资的企业既不具备谈判资格，企业发展缺乏内部动力支撑。同时，政府作为投资主体，无论哪种方式也无法从根本上解决诸如政府投资的低效率、权责不清以致滋生腐败等问题。

政企关系不清将导致产权不清晰，出资人不明确的资产从根本上违背市场化产权运作透明、规范的基本原则，而且在实际操作中也将埋下许多人为的隐患。由于无法提供投资人清晰的产权结构，必然引起市场的质疑。投资人不清楚投资对象的资产状况，也就无法对投资风险做出评估，必然会出现政府一方面大力推动产权多元化，而另一方面社会资本却难有实际举动的尴尬局面。

而高新区在公共治理中推行市场化改革的努力都将从根本上受制于这一高新区运营主体定位不清、政企权责不清的天然缺陷。

市场经济的运行客观上必须建立在市场行为主体享有充分合法的权责界定的基础上。原先通过高级别行政授权的做法只能是制度改革与加快发展两难中的权宜之计，随着改革进程的深入，其产权地位的不明确必然要随着市场经济法律体系的健全加以改变和确认。

4. 高新区区基础公共服务设施建设的负担重

这首先是因为我国高新区区的数量远较一般国家多，规模又明显偏大。第二个原因是我国高新区的选址造成的。与原城区的远离使得高新区不得不搞“小而全”的社会建设，大部分的开发资金都投入基础设施和银行、税务等经济活动不可缺少的公共服务设施之中。开发费用过高使大部分高新区都面临资金短缺的困难。初期的政府投资很快就消耗殆尽，资金来源成了问题；投资期过长，短期内投资回收无望，利息又成了沉重的负担；即使将规划面积一再缩小，也难免造成土地的闲置浪费。一些高新区不得不将生地以低价成片批租给国外或国内企业开发，其间造成的土地囤积炒卖的危害和政府损失的土地升值收益很难估量。

5.1.3　原因分析

1. 高新区公共产品的外部性成本未得到有效补偿

高新区的基础设施，如公园、公路、桥梁、路灯等由企业提供，区内企业可以免费使用这些设施，而它们的税收大部分被国家无偿占有，这样就没有办法补偿开发企业的投资，企业作为自负盈亏的实体，自然会减少公共产品的供给，造成基础设施供给的不足，这是我国绝大多数高新区面临的共同问题。由于中国的高新区大多是在市郊，要想取得快速的发展，必然要求高新区内是一个完整的社会，基础设施要保证齐全。而高新区基础设施建设如果是由企业提供，必然会面临着公共产品外部性的问题，如果政府不能出台相应的补偿政策，那么就不能促使开发公司提供足够的基础设施。从另一方面说，如果高新区的基础设施是由政府提供，面临这么大规模的出资，政府必然会面临资金短缺的问题。

由于高新区的基础设施是一种公共产品，有着正外部性，基础设施的足额提供对区内的企业是有好处的，而区内的企业又不用付费，这是高新区基础设施不能单独由企业提供的原因。根据经济学理论，解决公共产品外部性问题的方法是使外部性内部化。具体办法就是采用政府补贴的办法来弥补开发公司提供基础设施建设的损失，刺激开发公司提供足够的公共产品。

2. 开发企业不具备政府职能，不能行使政府权力

企业与政府有不同的行为准则和运行目标。企业的经营、活动范围完全不受地域限制，其命运也绝不会完全系在一块高新区上，没有义务解决该区域的社会发展问题。而政府就不同了，它的行为准则只与它管辖的区域相关，促进所辖区域的经济高速发展和社会全面进步是其不可更替的责任，并且社会责任相对更重要。企业可以对当地的公共事业、公益事业给予赞助，可以拿出大笔资金去帮助社会办事，但这种责任不是义务。

我国高新区在建设开发初期，所碰到的诸如土地购买、居民拆迁、原有居民的工作安排等问题，以及之后的项目审批、土地拆迁、招商引资等工作，都与政府存在千丝万缕的关系。一个高新区完全由企业开发经营，基础设施完全由企业提供，如果没有政府的帮助，很多具体问题是很难解决的。现在的中国经济运行的各个方面仍然有很浓的行政性色彩，高新区的基础设施项目建设过程中以及以后的管理中，不可避免要与政府部门（工商、税务等）打交道。由于中国的历史文化和社会意识，通过政府内部进行沟通协调的成本远远小于企业直接与政府协调。另外，由于计划经济时代的影响，一个企业如果有一定的政府参与，往往更容易得到市场信用的担保。这就是中国现在的很多高新区都有政府参与，并且很多高新区都是由当地领导直接“挂帅”而且“级别”很高的一个很重要的原因。

3. 我国特殊的土地制度阻碍了高新区政府治理向企业治理的转变

与资本主义国家不同的是，我国实行的是土地公有制。我国《宪法》规定："农村和城市郊区的土地，除法律规定属于国家所有以外，属于集体所有。"要使土地的使用权能够在市场上流动或转让，农村及城市郊区集体所有的土地必须转为国有土地。政府在土地征用后将土地交由一级开发商进行开发，一级开发商在将其开发为熟地后，向企业转让。因此，地方政府往往都是高新区土地的出让方，而一级开发商作为国有土地保值增值的关键环节，往往也带有浓厚的政府色彩。在这样的制度环境下，高新区由一个没有政治色彩的企业经营和治理，在土地申请和土地转让价格方面无疑会增加成本，导致高新区的开发成本高、经营成本高。

在这样的背景下，如果高新区由政府来建设经营，就不会涉及高新区基础设施建设的资金补偿问题，因为土地的出让方是政府，土地的受让方同样也是政府，这就相当于一个人在买自己所卖的商品，当然他愿意出什么样的价格都可以，因为他不会因此而赢利或者亏损。但是如果高新区由一个独立的企业来经营和治理，这个企业产权是明晰的，成本独立核算，那么政府在出让土地的时候价格就应该按照市场规律来叫价，而不能随心所欲。由于政府是土地的垄断者，政府如果叫价过高，自然没有开发企业愿意承担高新区的建设；如果叫价过低，又会导致补偿的标准混乱。

4. 我国有关高新区的法律体系不健全，产权不清晰

尽管中央政府和地方政府都出台了一些有关高新区的部门规章或地方性法规，但总体而言我国高新区的法律体系尚不完善，同美国、日本等发达国家相比还有很大的差距，缺乏对高新区的经营主体、利益相关者、高新区的经营范围、高新区的土地范围等相关的法律支持，立法内容不完备，缺乏统一性和科学性。我国高新区的有关法律法规很大一部分还没有上升到国家法律的层次，缺乏整体宏观性和有序性且立法层次较低。部门和地方性的规章、法规虽然数量较多，但也存在条款相互矛盾的情况。

5. 缺乏全面系统的我国高新区公共治理绩效评价

高新区在"一次创业"阶段主要以招商引资、扩大经济总量为主，多方

面承担了经济技术开发区的职能，而高新区本身所肩负的发展高新技术产业、提升区域自主创新能力的职能大多未得到充分有效地发挥。2020 年我国将建成创新国家及新一轮以数字化装备和服务外包为主要内容的国际产业转移等一系列新形势，给我国高新区发展提出了重大的历史使命，也为高新区的发展提供了前所未有的机遇。新形势、新定位、新功能、新要求为我国高新区发展，特别是在公共治理方面进行相应的改革创新，提出了一系列新的课题，需要我们及时去研究和解决，从而为高新区“二次创业”创造有利环境。

进行高新区公共治理绩效评价的研究是落实科学发展观和绩效观的内在要求。党的十七大报告明确要求把科学发展观贯彻落实到经济社会发展各个方面，高新区责无旁贷。1993 年公布国家高新区评价指标体系，经 1999 年、2004 年和 2008 年的修订，虽说在内容上做到了与时俱进，但从总体上来说，对高新区的考核评价及高新区自身工作诉求，与科学发展观的要求尚有一定的差距。与此相应，在高新区公共治理方面，也亟须建立体现科学发展观与绩效观的内在要求的评价体系，但在国内尚无这样的评价体系。绩效评价是解决高新区落实科学发展观、树立正确绩效观中需要解决的问题。

5.2 我国高新区公共治理模式的现实选择

从高新区演变轨迹看，具体采用何种治理方式要与高新区的功能定位、所处及其环境、高新区生命周期阶段相匹配。高新区不同的生命周期阶段所具有的特点不同，需要采取与之相匹配的治理形式。

5.2.1 实行相对独立的管委会体制

在现行条块分割的体制下，园区内的体制改革试点经常遇到区外旧行政体制的制约。独立的高新区管理体制有利于把改革试点与区外行政管理体制隔离开来，可以用区内的职能转变和统一对外，克服区外条块分割的体制弊端。因此，为了减少区外行政体制的干扰，从组织上保证制度试点的顺利实施，实行相对独立的高新区管理体制更有利。一段时间内，我国大部分地区的高新区还将实行相对独立的管委会体制。高新区要继续实行精减机构、简化程序、政务公开的原则，克服管委会扩大膨胀的趋势。一个较为理想模式的选择是“准政府的管委会＋开发模式的企业化”，即管委会作为政府的派出机构，其主要职能是经济开发规划和管理，为入区企业提供服务，还拥有一定的行政审批权；而开发经营由独立的开发公司承担，实行完全的政企分开，高新区管委会作为管理主体不直接从事高新区的开发经营。例如，国家级高新区主要采取管理委员会模式。由作为政府派出机关的管委会管理高新区，其下属的开发总公司负责土地开发，这种“准政府”模式后来被其他级别和类型的高新区普遍模仿。这种管委会模式短期不会改变。同时，还可推进在原来高度授权、特事特办的管理体制上进行创新，继续实行“小政府、大社会”的管理模式，保持管理机构的精简、高效，深化财政管理、市场管理、社会管理等方面的体制改革，创新社会保障体制和社区管理体制，继续成为体制改革的“示范窗口”。

该高新区治理模式的成功关键是要对高新区的不同要素有正确的认识和定位。高新区的要素包括以下几个方面：参与主体、运营机构及职责、高新区功能定位、制度及政策、土地范围、基础设施等。

企业厂商是经济高新区的使用者，根据企业自身的经营内容、经营规模和经营方针，根据生产成本、交易成本以及获取外部规模经济等综合要素，选择适宜的区域作为厂址，租赁经济开发区的土地厂房及相关辅助设施，在国际分工的背景下纳入相关的产业体系，以取得产业聚集效应。

高新区管理机构作为运营者，接受所有者的委托，行使工业房地产管理的职责，为使用者提供工业用地、厂房及相关辅助设施，包括水电、热能、电信、公路等基础设施，为使用者提供各种便利快捷的商务及生活服务，为使用者提供舒适清洁的环境。

政府部门是高新区的所有者、组织者，对于高新区的开发建设，通常采用直接参与和间接参与两种方式。直接参与是政府部门直接领导，直接组织，直接参与经济区的开发建设，发展中国家较多采用这种方式；间接参与是委托政府部门以外的机构如公共团队、地方自治体、大学、企业等进行开发建设，政府则做某些政策等方面的引导和支持，如美国对科技孵化园区采取的一些制度安排。建设高新区是区域社会经济活动发展的综合需要，是政府部门指导和干预微观经济的一种制度安排，准确的功能定位、合理的园区规划是其首要任务，发展经济、取得社会效应是其最终目标。

5.2.2 适时向企业治理型模式转变

我们认为，我国高新区治理模式的改革可以适时地向规范化的企业制度转变。在该种治理模式下，高新区的定位应改变一直以来将其单纯作为实现增加政府税收、解决地方就业等政府政策的空间载体的认识，而应从以市场进行资源配置的角度来看待高新区的定位：即高新区是作为面向企业，为其提供综合产品，并通过企业的有偿使用获得报酬的产品供应商角色。我们要根据高新区的生命周期发展，适时通过以下几个途径推动向企业治理型模式转变。

1. 分离高新区的行政职能与经营管理职能

在我国市场经济构架日益明确、政府坚定退出微观主体运营的大背景下，通过合理的制度安排，将高新区双重职能适当分离将是开发公司谋求产权清晰、权责明确的现代企业制度的重要前提。20 世纪 90 年代以后，高新区也采取在若干职能上相分离的办法。管委会承担高新区发展过程中行政、协调及后勤等职能，而开发总公司则具体承担土地出让、基础设施建设、市场推广及服务等职能。但随着业务上可以分离的职能逐步分离完毕，宏观职能与微观职能、企业职能与非企业职能如何通过制度上的安排加以清晰和明确的界定成为目前最为关键的问题。它决定着能否建立透明的治理结构、合理的业绩表现形式以及综合考核标准。

目标职能的分割在一定程度上将会导致开发公司与地方政府在政策指导、发展调控以及利益分配上产生新的矛盾。政府和开发公司如何在市场经济的框架内探索新的监管模式和利益分配机制将是保障职能分离的关键问题。

对于成立时期较早、管委会行政职能较为庞大的高新区，考虑到制度过渡的平稳性，一次性完全剥离行政职能，实行公司化运作不太现实。因此，在制度设计上可以根据不同的情况实行“先压缩，再剥离”的办法加以改革。另外，这类高新区由于已经形成一定规模的人口及公共设施，考虑高新区政策实施的连贯性和稳定性，可以适当保留管委会的行政职能。但在隶属关系上应与开发公司相脱钩，未来随着城市建成区的扩展，可以相应将这部分行政管理职能划入新区政府机构。

2. 实行政资分离的高新区资产运营管理体制

高新区是政府为主导的特殊产业，其产品是提供企业发展的公共平台。高新区的资产运营管理不同于政府行政管理，其管理机构是经营和服务性机构。高新区资产运营管理包括从区内规划、开发建设、推介招商、产业用地、厂房出租及区内日常服务和管理等。因此，应实行政资分开，把高新区资产运营管理职能从管委会中剥离出来，建立专门的园区资产运营管理公司，负责高新区的建设、运行和服务。要把高新区资产运营管理机构与一般的建筑和服务业区别开。高新区资产运营管理机构主要负责融资和组织实施。有些高新区自己成立开发施工队伍，这部分应该社会化，采取竞争招标的方式发挥商业机构的作用。高新区管委会则主要承担制定政策，行使上一级政府赋予的审批和行政权力，以及对资产运营公司实行监督管理。

政府与高新区运行机构的关系是委托和被委托的关系，是实行政府授权管理、采取特殊法人的治理结构。开发运行机构在政府安排的制度框架下自主经营。政府通过建立制度规范来约束运行管理机构，而不是直接干预其经营；政府在给予资助和补贴的同时，对其提供的产业基础设施价格实行上限控制。一些小型科技园将对地区经济有一定的带动作用，但是，其商业性较强，最终将成为以盈利为目的的实体。这类小型园区要服从政府的地区规划，在发展初期，政府将给予鼓励和扶持。可以采取企业、研究机构和大学、财团、政府等组成的联合体形式，这样一方面可以减少建设的盲目性；另一方面，可以在建设初期就能够按照市场经济的运作模式进行管理，提高效率。高新区的建设应该发挥民间资本的作用。对一些短期内能够回收的基础设施项目，可以允许民间资本经营或有民间资本参与，这样可以减少非公益设施建设的盲目性。

高新区经营要逐步实现规范化、市场化，首先要赋予开发公司自负盈亏的独立法人地位，完全从政府行政体系下脱离出来。

政府通过国有资产公司在开发公司中占有绝对或相对控股股份，并运用控股股东地位影响董事会决议，向开发公司派驻国有资产代理人等公司化规范手段来确保开发公司的发展不背离地方经济战略框架。政府所控制的股份可以根据高新区经营的不同阶段逐步调整。对于处于筹备阶段的高新区来说，政府强力手段的干预仍然是提高效率、抑制体制内惰性的重要工具（例如土地拆迁、审批程序办理等）。随着高新区运营逐步规范，政府应逐步退出，为开发公司留出充分市场化的空间。

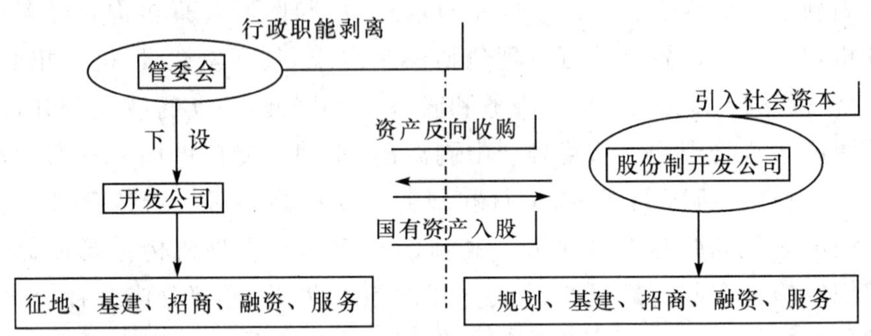

图 5-1　产权权责界定下的高新区公共治理模式

3. 实现高新区公共基础设施的专业化运行管理

高新区的公共基础设施建设也不同于一般的房地产开发，需要特殊的制度安排。一是高新区的开发建设必须有一定的超前性，投资规模大，回收期长，不确定性强，风险较大，通常民间资本不愿意进入。二是高新区要提供高质量低价格的设施才能吸引企业来落户，入驻企业还要符合建区的目标，如果完全靠商业化开发将会提高设施价格。三是一部分高新区要重点扶持中小企业，部分面向中小企业的低价工业厂房属于政府扶持中小企业的政策范围。因此，高新区的资产运行管理机构还不能完全按照以盈利为目的的普通公司模式运作。

高新区的基础设施从用途划分，包括公共基础设施（道路、水、电、气等）、产业基础设施和生活基础设施等。根据高新区基础设施具有的准公共产品性质，对高新区基础设施的开发做出特殊的制度安排。从理论上来说，公共基础设施具有公益性，属于政府职能范畴；厂房和生活服务设施是商业性的，可以商业化运营。一般情况下，政府开发的只是公共基础设施，但由于高新区要提供高质量、低价格的基础设施，才能吸引企业投资，这就决定了高新区土地的开发不能完全按照以盈利为目的的普通公司的模式来运作。根据国际经验，大规模的集中工业用地开发机构都是由政府资助或政府融资的非营利机构。

目前，我国大部分高新区实行公共基础设施与工业用地开发一体化，高新区的运行管理机构既要负责经济开发的任务，又要承担城市建设的责任。既然开发园区具有拓展城市的功能，并纳入城市发展规划，就应该把城市公共基础设施建设功能从工业和商业用地开发中分离出来，由城市公共事业部门负责。

例如，新加坡的经验是，根据工业园区基础设施的性质实行专业分工建设管理，工业园区的裕廊镇管理局只负责工业用地和厂房开发，以及运行服务；陆路管理局负责园区道路和水电气公共设施建设；建设局负责园区职工住宅。

再如，我国洋浦开发区建设，当时成立了由省政府控股的洋浦开发区资产管理公司，负责开发区内基础设施的建设、运营和日常维修和服务。管理局与资产管理公司之间的关系是委托与被委托的关系，实行管理局授权管理，采取特殊的法人治理结构，资产管理公司在管理局安排的制度框架下自主经营，管理局不直接干预其经营，管理局在给予资助和补贴的同时，对基础设施的价格进行上限控制。资产管理公司也不同于一般的建筑和服务商，开发区资产管理公司主要负责区内资产运营和管理，对于具体的施工和服务，可以采取竞争招标的方式发挥商业机构的作用。对于一些短期内能够回收的基础设施项目，可以允许民间资本投资建设或经营管理，减轻开发区管理局投资的负担。

4. 建立健全高新区公共财政投资体制

在高新区硬件设施已基本具备，软环境成为决定高新区竞争优势的情况下，当前高新区的投资重点是要向高新区公益性的基础设施及教育、医疗、防疫、安全防卫系统等公共事业方面转移。高新区的政府管理必须把创造优良的社区环境提到重要议事日程上来，要更加关注服务水平、社区服务、公共安全、文化卫生等综合软环境。这既是大势所趋，也是当务之急。但是，政府对公共服务的提供并不能等于政府对公共产品和服务的直接生产，不能回到政府办社会的老路上去。高新区管理机构可采用国际上先进的融资方式，如合同承包、特许经营、凭单、政府间协议等方式，鼓励民间资本投资建设区内公共基础设施或充分利用高新区周边县市现有的公共基础设施。

5. 推进高新区经营模式的多元化

开发公司由单一的土地成片开发转向对标准化厂房、房地产等附加值较高的地面建筑物的开发和经营，是对入区企业更灵活需求的反应。通过向企业提供标准化厂房、房地产等产品不仅大大延伸了高新区公司的产业链、增加企业收入，有效改变了过去土地出让结束、高新区基本无事可做的局面，同时也满足了入区企业对效率、配套环境的需求。

依托已有的管理经验和团队实现主业向外扩张。经营模式多元化另一个重要表现是一些高新区（开发总公司）在积累一定的最近和经验后，在自身高新区土地开发到一定阶段（对于地处沿海发达城市的省市级高新区而言，按照滚动开发的模式，土地开发应该在 3～5 年时间结束），空间发展受限后，开发公司转而将眼光放到区域内其他与基建或公共事业运营等与高新区经营密切相关的行业领域。

最为显著的例子就是新加坡裕廊镇管理局的对外扩张。裕廊镇管理局通过其下属的裕廊国际或 Ascendas 公司利用其资金和管理优势，凭借其国际化的营销网络在马来西亚、中国（苏州、无锡、台湾等地）、菲律宾、泰国等国家控股或参与设立了数十家开发公司，参与开发区经营。

5.2.3 高新区与行政区或经济技术开发区融合

作为一个特殊阶段的政策性行政区域，高新区的国家政策倾斜和体制差异都是暂时的，既不持久也不规范。随着我国市场经济体制的逐步完善，高新区的特殊政策总有一天将会消除。从目前情况看，随着高新区范围扩大和功能的多元化，其管理体制正呈现出从准政府向行政区体制转化的趋势。当然，这种转变绝不能认为是新体制在旧体制影响下的复归，而应该是在同一个新的体制框架下的并轨。问题的关键不在于体制是否合一，而在于高新区要实现完全依赖自身的经济功能和成熟的市场机制进行成功运作的目标。

高新区与行政区融合，或者高新区成为独立的行政区也是高新区治理模式的一个现实选择。另外，开发区还有一个现象是高新区和经济技术开发区的合并。不同开发区的合并涉及不同部门的利益。因此，要正确处理、协调好分权问题。我国开发区行政管理体制在经历了一个创建的时期和不断的体制创新之后，基本形成了相对独立的行政管理体制和运行模式，即"以块为主，条块结合"。这个管理体制相对于一般的行政体制来说是全新的、充满活力的，从而使开发区形成了与国际化经济运作比较接近的环境，为开发区发展提供了强力的推动。可以说"以块为主"是开发区新体制得以建立的基础。同时，"以块为主"的管理方式必然面临着如何分权的问题。首先是地区内部分权问题。在开发区和行政区合一的情况下，存在一个开发区管理机构与当地同级政府分权的问题，通常情况下开发区管理是虚，行政区管理是实，财权和人权都在行政区手中，有些改革措施和政策因触动了行政部门的已有权力和利益，难以落实。其次是中央和地方分权问题。由于有些部门实行垂直管理，开发区的一些制度和体制创新需要经过有关部门核准，否则难以实施。因此，如何正确处理分权的问题是开发区"以块为主"管理方式得以有效实施的关键。

因此，高新区与行政区融合或转变为独立的行政区，需要解决两个基本问题，力避在高新区的不正常回归。第一，要进一步探索已经显现出"经济孤岛"困境的高新区如何在"独立"与"融入"之间寻找到一套适合开发区灵活发展的新机制。第二，走向"独立"的高新区必然增加新的管理机构，这将会对原有高新区"小政府、大社会"管理模式带来冲击，因此必须妥善处理高新区转型"功能多元化"与机制"运作灵活化"关系。

第六章　我国高新区公共治理的对策

6.1　改革高新区管委会职能，健全内部管理模式

6.1.1　全面落实高新区管理所需的行政权限，合理设定管委会的管理职能

目前，高新区行政管理最大阻碍就是管委会的行政权限不够，行政职能配置不科学。要解决这一问题，省、市政府要科学、合理地对高新区管委会进行授权：一是授权要全面；二是授权要落到实处。高新区管委会管理职能应该包括：制定高新区发展规划、提供优惠政策支持，营造高新区良性运行的制度和政策环境；提供高质量的公共服务，建立健全各种服务平台；做好市场监管工作，打击破坏市场经济秩序的假冒伪劣等不良竞争行为；完善区内基础设施，营造和谐的人文氛围，创造良好的投资环境；提供启动资金，引导和支持高新技术和产品的开发；制定市场准入规则，优化区内产业结构，促进良性互动的产业链的形成，等等。

6.1.2　精简管理机构，打造精干型“小政府”

高新区管委会要按照“精简、统一、廉洁、高效”的原则，压缩管理幅度，减少审批事项，提高办事效率，打造精干型“小政府”。

首先，要严格控制机构规模，减少机构数量。因此，各地方高新区机构设置必须严格按照中央和上级规定的限额设置。中央制定的机构设置限额、类别和要求，是根据全社会政治、经济发展的现实状况，经过科学论证提出的，具有很强的指导意义。因此在设置机构时，一是必须把那些不适应社会主义市场经济需要的机构以及一些任务单一、工作量不大或职能交叉扯皮的机构精简下来。二是要严格按规定限额设置机构，限额内的机构也要区别对待。不能简单地搞上下对口、左右看齐，要从改革和体制创新入手，做到该撤的机构一定要撤，需要加强的机构必须加强。三是对违反规定超限额设置机构和机构升格的，各高新区应坚决予以纠正，不能允许随意突破限额或未经上级批准自行设置机构。四是坚决制止上级业务部门干涉下级机构设置。从制度上保证政府机构数量少、规模小、结构合理。

其次，高新区机构改革要将机构设置与转变政府职能、提高效能相结合，改变过去单纯地"加加减减，撤撤并并"的思维模式。一是根据政企分开的原则，各高新区要撤销工业、商业、物资管理部门和各种行政性公司。在设置机构时，必须改变按政府直接经营管理企业的职能设置机构的方法，做到政企职责分开，简政放权，把生产经营的权力真正交给企业。减少对经济工作和企业直接管理的部门，管委会要把政府职能切实转变到宏观调控、社会管理和公共服务方面来，政府经济管理部门的主要职责是制定行业规划和行业政策，引导行业产品结构调整，防止重复建设，维护行业平等竞争秩序等，要从源头上解决政企不分、经济管理部门过多、过滥的问题。二是坚持政事分开，将事业单位推向市场。各级政府要从直接举办各类事业单位，转向加强规划布局、规范和监督。可以推向市场的社会事业，要逐步实行社会化、企业化。三是积极推进行政审批制度改革，提高办事效率。要大力减少政府审批事项，对确需保留的要公开审批程序，减少审批环节，规范审批行为，以此来提高办事效率。

6.1.3　从法律高度来界定高新区管委会作为政府派出机构的管理模式

现在的高新区管委会似乎都在准备与所在地区政府合并，或单独成立区政府，从而使本来以各种优惠政策招商引资的高新区的优势消解殆尽。从一定意义上来说，相对于"纵向协调型"，"集中管理型"管理模式更具有灵活性，更适合制度化的市场经济发展的要求，目前的管委会更多的也是使用这一管理模式。按照“集中管理型”模式管理下的高新区管委会作为政府派出机构，负责高新区管理与运营，由其下属开发总公司负责土地开发，同时设立党的工作委员会，并有效发挥工会组织作用。这种高度授权、特事特办、专心发展经济的管理体制，有利于最终实现管理机构最简、成本最低、效率最高的管理目标。然则，“集中管理型”如果缺少“纵向协调型”的引导，最终也会走向机构化、行政化的怪圈。因此，在“纵向协调型”的宏观管理下进行“集中管理型”的微观治理，是未来高新区管委会的一个发展趋向。

6.1.4 健全高新区管委会内部组织管理模式

作为派出机构的管委会在一定程度上改进了政府管理方式，解决了政府内部组织机构重叠、职能交叉问题，打破部门分割状态，构建新的职能体系和协调运转机制。一般各管委会在内设机构设置上依照“宽职能、少机构”的“大部制”方向进行。如苏州工业园管委会是副地级政府的级别，借鉴于新加坡的政府管理模式，管委会内设机构上尽可能综合化，相近职能合并，不对口设立部门，机构内简化办事程序，实行一站式服务。为了防止由于机构少、职能多可能出现的“职能缺位”现象，园区借助管理学“矩阵式”的管理模式，实行了以事为中心的专题工作制，凡是涉及几个部门的事情，确定由一位分管领导牵头，由机关部门和人员组成专门小组，明确责任，提高效率，从而实现了精简与效率的统一。同样，1992 年上海市在建立浦东新区管理委员会时就提出，要推进政府组织制度的创新范式，管委会的内设机构极为精干，设一室一委一部七局，编制仅 800 人，可以说，这是我国最小的副省级单位。因此，通过派出管理这一模式，在一定程度上避免了政府传统管理中机构膨胀、人浮于事的弊病，便于推行政务综合管理，是提高行政效率的一个重要途径，是真正的办事服务机构。作为派出机构的管委会，许多管理模式先行于政府部门，值得政府学习和借鉴。各类高新区管委会的管理体制的创新成为我国改革开放制度学习的原型，相对于传统形式的地方政府能够实现最高的效率。同时，从一定意义上讲，通过培育体制外的力量推动体制内改革的逐步深入，改革开放的许多行政管理体制创新成果是从管委会这一派出机构实验得来的。“不同的治理结构与一定的独立性相结合，使得这些实体的职能更趋专业化，以更好地满足客户需要”。同样，“管理自主权与不同的治理结构相结合，使得这些实体拥有一种更为专业化的管理文化，更能将注意力集中于产出和效果”。

6.2　转变政府职能，加强政府对管委会的监督与控制

6.2.1　进一步转变政府职能

职能的确定是行政管理体制的核心。构建新型高新区管理体制，必须重新界定其管理机构的职能并实现职能转变。一是要根据大多数高新区在功能定位上已经从单纯的经济功能区转向新的城市功能区的实际，对高新区的管理体制进行匹配式改革，增加部分必要的社会管理职能，并适度增加社会管理方面的机构和人员。但要切实防止机构的无谓膨胀，特别要防止由原来的管委会或指挥部模式向一般行政区模式的简单复归，继续保持高新区精简、灵活、高效的运行模式。二是对政府职能进行归并整合，探索政府公共服务外包的运作机制，将传统体制下政府职能中较低层次和部门中间层次的职能分离出来，改由非政府性质的公务机构和中介机构承担，逐步形成政府、中介机构等共同参与、相互促进的公共服务体系。高新区管理机构应把主要精力转到研究发展战略、营造投资环境、引导企业发展、加强社会服务上来，把工作重点放到为经济发展服务、为改善居民生活服务上来，逐步形成科学的、符合市场经济规律的社会运行机制。三是要进一步简化行政审批程序，比如可以探索将项目审批从“一站式”推进到“一表制”。四是要进一步完善执法检查制度，推进综合执法，争取把工商、物价、卫生、质量监督等部门的分散执法转变成综合执法。

6.2.2　强化政府监督与控制作用

由于高新区管委会在权力配置方面缺乏一套明确的监督机制，从而造成管委会权力往往得不到有效的监督和控制。“纵向协调型”的管理模式很容易导致权力泛化、相互扯皮，多头管理、多头负责往往造成无人管理、无人负责，有利益一起争，有责任无人问津。而“集中管理型”的管理模式

容易形成局部利益，一旦授予了管委会以大量的自主权，机构就会变成以自己利益为重的玩家，可能而且确确实实地抵制它们不喜欢的变化。因此，政府充分的行政派出授权是加强对管委会监督和控制的一个源头。监督和防范派出管理中存在的风险应从行政派出授权抓起。管委会权限范围的大小，完全取决于上级政府的意愿和授予，所管理的范围是上级派出单位授权的，但在实践中，授权过大，会放大管委会权力；授权过小，使得其难以完成所承担的职责。所以，授权也是一门艺术。

"所谓行政授权就是指行政上级委授给下属一定的行政权力，使下属在一定的监督之下，有相当的自主权和行动权。授权者对于被授权者有指挥和监督之权，被授权者对授权者负有报告及完成任务的责任。"然而，"授权只是把一部分权力分散给下属，而还不是把与'权'同时存在的'责'分散下去"。换言之，当上级政府把一些行政权力授予管委会时，虽然管委会因此获得了行政权力，但上级政府仍然负有相同的责任，并不是说上级政府在下放权力的同时可逃避责任。因此，上级政府必须在让渡权力的同时，有相应的制约机制加以配套，做到权职挂钩。

随着改革开放的稳步推进，政府在管理经济方面越来越赶不上经济发展的步伐。各类高新区的迅速崛起使得政府管理面临挑战，高新区管委会就是政府管理创新的结果。因此，高新区管委会既可作为改革发展的试点，又可在管理过程中进行探索。我国的经济实践发展已经证明，各类高新区管委会在高新区管理和建设中发挥了不可替代的作用，那些企业主导下的高新区在实践中问题很多，且很多都已经发展不下去了，最终还是由政府接管；甚至即使改革开放 30 多年了，高新区管委会在高新区管理和建设上，连一级地方政府都代替不了管委会的作用。而管委会管理过程中，要克服"集中管理型"管理模式的弊病，则需要借鉴"纵向协调型"管理模式中政府对管委会发展的宏观调控力度。任何组织的发展都证明了"大多数新的组织机构不是因老化而消亡，而是中道失败。尤其是新形式的组织机构更是如此，所以，如果要选择一种新的组织机构，那么这个新的选择必须要比老的机构更能带来效益，并且这种效益还必须在新的社会结构薄弱环节得到补偿之前到来"。

6.3 创新高新区的管理体制,构建制度化的服务型管理体制

6.3.1 将国家级高新区的体制创新纳入国家综合配套改革实验的整体框架

从总体上来说,当前国家级高新区所面临的环境条件以及其自身所具有的特点,决定了国家级高新区必须进行综合配套改革,其体制创新必须纳入综合配套改革的整体框架。之所以这样,不仅仅是因为当前的体制改革是复杂的,还在于行政管理体制与经济管理体制和社会管理体制是密切关联的。比如政府职能的转变,必然涉及投资体制改革和财政体制改革等诸多方面,纯粹依靠行政管理体制自身的改革和创新是难以达到目的的。经过 20 多年来的探索,国家级高新区在体制创新方面已取得了较大的成就,许多具体领域的创新已经达到了相当的高度,专项改革的难度不断加大,加上创新的边际效应递减,任何一项改革和创新都难以"单兵突进"了,创新的整体性和系统性要求不断增强,改革的综合配套性不断增强。因此,国家级高新区的行政管理体制创新必须纳入综合改革的整体框架,密切地与其他体制改革创新相结合。同时,高新区的管理体制创新也是一个上下互动的过程,如果没有上级管理机关的共识和对应的改革行动,其独自的创新是难以真正成功的。因此,国家级高新区管理体制的创新必须得到国家、省、市各层次的大力支持和配合,必须纳入当前综合配套改革的整体框架。当然,考虑到国家级高新区的"排头兵"作用,在将其体制创新纳入国家综合改革整体框架的同时,要继续给予国家级高新区在体制创新方面先行先试的优先权。

6.3.2 积极探索管理体制的整合

一是可以大胆探索建立高新区和其所在行政区管理体制优势叠加、互动发展的新机制。这种整合应以高新区管理体制为主导。在机构设置上,可以让管委会原有的机构承担行政区经济发展方面的管理职能,行政区不再重复设置同样的机构,而只设社会事务管理及其他方面的机构。同时,要通过发挥行政区的职能,较好地解决征地后失地农民的培训就业、社会

保障,外来员工的就医、子女上学,计划生育以及社会治安等社会事务,为高新区的进一步加快发展提供更加优化的社会环境。二是积极推动多个功能区的合一。目前,不少城市特别是省会城市都设有国家级高新区、高新技术产业高新区、出口加工区乃至保税区等功能区。从功能上看,这些功能区在聚集资源上是趋同的。从精简机构和综合利用资源的角度出发,并借鉴一些国家级高新区的成功做法,可以积极推动多区合一的整合管理模式。通过整合,形成完整统一的对外开放的政策体系,以满足外商投资多种产业领域的个性化和多元化需求,特别是国际大公司跨行业、跨领域的战略投资需求。而且,通过统一规划区内的基础设施和招商引资活动等,可以更好地形成项目招商的合力。

6.3.3 管理体制要随高新区功能定位的不同而呈现多元化

在不同时期或不同地方,高新区功能定位是各不相同的,这导致各个高新区管理体制呈现多元化的趋势。如高新区的功能发挥与母城的关系极大,与母城关系的不同导致高新区功能侧重点的不同,它们的管理体制可概括为不同类型。由于高新区要成为城市的中心,甚至是区域的核心,必须要依靠城市发展规划,充分利用母城的技术优势、资金流、人才优势、社会服务等既有条件,才能事半功倍。一般来说,高新区在对母城的依托程度和自我配套上有三种不同的选择方式:一是采取“小依托,大配套”的策略。这类高新区与老城区相距较远,对母城的依托会因距离关系而受到影响,即适当依托母城经济技术基础,在第三产业上实行有计划的大配套,与第二产业同步发展。如宁波、青岛、广州、大连、福州等高新区。这类高新区通常采取准政府体制,管委会具有相对独立的管理权限,并以经济开发管理职能为主。二是采取“中依托、中配套”的办法。这类高新区毗邻老城区,交通便利,联系方便,区位优势明显,涌进项目多。在经济技术和社会服务基础上尽可能依托老城区,并对社会服务进行中等配套,同时投入第三产业的项目的比重较大。如上海浦东、青岛黄岛高新区和湛江国家级经济技术高新区。在这种情况下,管理体制的侧重点在于统一政策,独立发展,高新区的管理机构不论是采取行政区管理体制或准政府体制,实际上是兼有高新区与行政区职能,有的地区采取一班人马、两块牌子的形式。三是采用“大依托、小配套”的策略。这类高新区居于卫星城或老城区中,来往方便，与老城区的联系较密切，不必再投入基础设施的费用，可以完全借助城市原有的基础条件进行自身的发展，利用边际效益和后发优势，将政府资源和高新区优势统一整合，采用“一区多园”体制，加速发展。这种模式不仅可以利用原有基础设施，还可以依托大专院校和科研院所的科技力量，通过兴办高科技企业和科技成果转化形成一个区域孵化器。如天津将高新区、保税区、出口加工区整合为滨海试验区，一区多园，按照定位，相对独立，组建高新区管理委员会，由管委会负责园区发展战略的研究、决策、重大项目组织实施以及综合协调等职能，负责指导、引导各分园区不断完善管理体制机制，提高园区建设和管理水平。在这种情况下，高新区的管理机构要服从区、市双重领导，其职能主要是提供服务。

6.3.4　管理体制向“政区合一”方向转化

随着母城城市化进程的加快，日益呼唤高新区拆除篱笆，从而在区域经济发展中更好地发挥示范、带动、辐射作用。目前，东北地区的 6 个国家级高新区，已经有 5 个实现了高新区之间或与城区之间的合并。为充分考虑高新区与周边经济区域的功能衔接，坚持把高新区的发展与母城的发展紧密结合在一起，服务母城，必须在高新区与母城之间建立起相互促进、良性循环的互动机制，即行政区和高新区合并形成“政区合一”的体制。具体地说，就是根据行政区和高新区不同时期的发展战略部署和经济社会发展的实际需求，准确把握高新区的发展定位，调整修编发展规划，调整自身的发展目标、功能定位、产业结构，实现高新区与行政区之间的协调与可持续发展。同时可以探索建立功能区带动行政区发展的联动机制。如结合滨海新区的实际，借鉴我国功能区发展的经验，探索一条重点发展功能区，再以功能区带动行政区，进而实现共同发展的新路子。

高新区的发展实践证明特区化的管理体制是高新区快速发展的前提和重要保证，高新区现行管理体制仍在聚集各种创新要素、促进高新技术产业发展等方面发挥着重要作用。但由于加入经济的全球化和国际化，要求高新区不仅具有经济科技管理的特权，还要在工商管理、金融管理、税务管理、外汇管理、外事管理、外经贸管理和海关管理等方面全面与国际接轨。另外，高新区还需要积极发挥政府主导作用，创造有利于各类产业发展的服务环境。“政区合一”的管理体制正是针对上述情况而逐步建立起来的管理体制创新模式。高新区“政区合一”是指高新区与地方政府合二为一，两块牌子、一套班子，统一领导，统一财政，统一管理。“政区合一”的实质是建立为区域经济发展服务的统一机构，从而解决高新区因无行政职能，发展受条块分割管理体制制约的问题。

6.3.5 构建制度化的服务型管理体制

所谓制度的服务机制，就是高新区管委会要制定为区内企业及公众服务的运行制度，使之符合在科学发展观指导下，建设和谐社会的需求，并严格执行，把它们制度化、日常化。由于高新区管委会的核心职能是统一规划、统一部署，加强协调与指导，进行体制机制创新，为促进经济发展，建设和谐社会作为试点先行，因此不论是采取“政区合一”的管理体制，还是采取委派制、委托制等管理体制，都必须深化管理体制改革和机制创新，实现从单纯依靠行政管理向构建制度化的服务机制的转变，最终建立统一、协调、精简、高效、廉洁的行政管理体制。

随着国内外环境的改变，跨国公司等外国投资公司把目标瞄准中国的市场和人才，科学发展、和谐社会成为社会发展的主题。未来靠什么，主要靠政府的高效服务和软环境建设，靠良好的制度安排和环境，也就是说，要构建制度化的服务机制。

近两年来，改革政府的管理方式，提高政府的服务意识，越来越成为大家的共识。胡锦涛总书记说过，“要建立制度化的长效机制”。过去高新区制定的服务机制，一般只是针对入区企业的，只是为了吸引企业入区而制定的。随着经济的发展，高新区功能逐步向科学发展示范区转变，现在的高新区不仅关注的增长，还关注民生，关注和谐。因此，无论我们把硬件环境建设得多么完备，如果政府不能提供企业需要的发展软环境和专业化服务，如果不能建立适应时代要求和满足利益各方要求的制度和规则，并把它们制度化，那么，企业就很难得到充分的增长和健康发展。所以，围绕核心职能优化行政资源配置，抓好软环境建设，并把它们制度化已成为高新区建设的中心任务。

构建制度化的服务机制要做到四个方面：

一是建立“小政府”管理模式。以转变政府职能为主线，准确把握政府职能定位。同时，注重培育和发展社会中介组织，为政府职能转变“找替身”。打破传统的按行业和“条条”对应设置机构的模式，在职能重新整合和机构功能创新的基础上，按政务管理、区域经济管理、城市市政管理、社会发展和社会保障等大系统综合设置机构，实现职能全覆盖和各有归属。在保持机构相对稳定的情况下，完善“小政府”行政管理体制和工作机制。

二是不断完善综合发展环境，建立健全创新创业的社会环境。探索与国际惯例相符合的商务环境，改进政府服务企业的方式，建立积极互动的新型政企关系。如浦东在张江高科技园区创立了“国家火炬创新实验城区”和“国家知识产权试点园区”。同时，着力建设科技创新、人力资源、知识产权、投融资、信息等科技创新公共服务平台，组建风险投资引导基金。

三是完善各项管理制度，提高工作效率和透明度。改进传统的服务方式，建立专业的咨询队伍，为投资者和入区企业提供咨询服务和信息支持；建立专职的项目审批队伍，为企业提供方便建立报关队伍，为区内企业进出口提供报关服务；建立投诉处理队伍，保护区内企业的合法权益。

四是关注民生、促进和谐。围绕高新区核心职能优化行政资源配置，建立健全民生工作保障机制，以解决中低收入阶层和弱势群体生活困难为重点，积极扩大再就业建立公共财政体系，推进城乡公共服务一体化。注重社会事业的全面发展，注重统筹城乡的协调发展，加快区内农村的城市化进程。

6.4 加强立法工作，确立高新区的法律地位

高新区是我国经济发展到一定阶段的产物，对待高新区发展和建设中存在的问题，只有深化改革，从法律上明确高新区管理机构的行政主体地位，进而确定行政复议和行政诉讼主体资格，这也是实现高新区依法行政、规范管理、加快创新的关键。

6.4.1 加强高新区的立法工作

从法律上明确国家级高新区的管理体制、管理职能和运行机制，是保障高新区管理体制的科学性、规范性和相对稳定性的重要条件，也是从根本上改善高新区的投资环境、获得投资者信赖的关键。一是要在国家层面加快研究制定《国家级高新区管理条例》，以此规范和引导国家级高新区的

发展,并使高新区的发展建立在国家法律规范的基础上。将精简高效的国家级高新区管理体制和管理模式法律化、制度化,明确国家级高新区管理机构的法律地位、执法主体资格、管理职能和管理权限。对国家级高新区的功能定位、管理模式、组织原则和组织形式在法律上予以明确。要通过立法工作,将以往高新区实践中已被证明是成功的做法和政策法规化,以指导今后的工作。在此基础上,全面推进国家级高新区的依法行政,重点是进一步建立健全行政问责制,加大监督检查的力度,规范行政行为。

6.4.2 确立高新区管委会的法定地位

我国不同高新区发展的实际情况相异,高新区管委会的角色定位不一定要整齐划一。对于一些制度环境优越、经济发展水平较高的国家高新区,可以将管委会的角色由政府派出机构向行业管理转变,逐渐淡化行政色彩;对于已经取得一定发展成绩且与所在行政区之间的协调、沟通、合作较好的高新区,其主要角色还是定位在经济管理职能上;对于发展缓慢、且与所在行政区之间扯皮不清、合作不顺、协调成本大的高新区,可将其角色定位为区域管理者的角色,经济、社会管理权限按地方行政区的模式授予,实行全面的行政管理。

6.4.3 进行国家立法

我国高新区经济发展虽取得了很大的成就,但在立法上仍处于滞后的境况,至今我国仍未有一部全国统一的高新区法律。现在高新区的发展仍主要依赖国家的政策,政策又往往不是很规范,也缺乏权威性和稳定性,造成高新区发展会因政策的改变而受到影响。目前已有许多高新区所在地的市政府以地方性法规的形式制定了高新区条例,明确高新区管委会的性质及权限。然而,地方性立法的效力较低,缺乏针对性、前瞻性、科学性、可操作性,立法技术上,法律与政策混同,立法结构中法律监督措施欠缺,法律规定的调控手段单一,缺乏确定的法律评价体系。而且各高新区之间立法冲突也较多。因此,我国应当将各地方性的高新区条例尽快纳入统一的国家级立法体制之中,使我国高新区的法律具有更高的权威性、更强的稳定性和较大的统一性。

目前,国家有关部委也已经意识到高新区立法的重要性。科技部制定的《国家高新技术产业高新区技术创新纲要》(国科发火字〔2005〕16 号)提出:“积极推动国家、省两级人大的立法,通过立法和政府授权,完善国家高新区的管理体制,确立国家高新区的法律主体地位,做到依法治区。”科技部《关于国家高新技术产业高新区管理体制改革与创新的若干意见》中也提到:“推进高新区管理条例等相关法规的制定工作。支持各级人大和政府的立法及政策制定工作,明确高新区的法律地位,依法调整高新区内的行政、事业、企业等各类主体的行为,保护各类行为主体的合法权益,进一步改善创新创业的环境,使高新区的发展走上法制化、规范化的道路。”全国人大法工委和国务院法制办为此也在着手调研。

对高新区国家立法途径有两个:一是根据全国人大常委会的立法权限,由全国人大常委会以法律的形式明确高新区地位和行政管理权限。二是根据国务院的立法范围,由国务院以行政法规的形式规定高新区的地位及在进行行政管理中的权限,报全国人大常委会备案,待条件成熟时再由全国人大常委会制定法律。作者认为,从法律地位和运作方式看,高新区管委会的性质和法律地位与地方人民政府的派出机关行政公署、区公所、街道办事处最为相似,而不宜将高新区管委会作为派出机构。如果立法能够将高新区管委会确认为地方人民政府派出机关之一种,能够增强高新区运作的透明度和公平性,可以填补有关高新区行政管理问题的法律真空,为高新区的快速发展及时提供法律依据。

6.5 融入市场化因素与社会力量,优化高新区公共治理结构

6.5.1 完善市场经济体制,推动高新区公共治理

高新区的治理模式之所以能够实现其相对于行政区治理模式的创新,市场因素的作用深远而持久。高新区在优惠政策和行政授权的双重作用下,较早地开始了计划经济向社会主义市场经济的转型过程。经济的率先发展带动了体制和机制的创新,从而奠定了高新区治理的经济基础。

政治必须与经济相契合的逻辑告诉我们,高新区治理模式发展前景的实现关键在于统一市场的形成。高新区治理的发展亦只有在与经济发展

相契合的前提下才能够实现，否则便会成为无本之木、无源之水。国内长三角、珠三角等区域一体化的经验和教训也深刻说明了经济一体化对于区域治理乃至全国治理的重要作用。但从我国的现状来看，统一市场体系仍未完全形成。高新区治理难以扩展多是由于市场体制的人为分割、地方经济的存在以及地方政府过度介入经济发展所引起的。因而推动高新区治理的理想路径便是市场经济体制的完善，而市场经济体制的完善关键在于处理好政府和市场的关系，主要包括以下几个方面：一是政府与市场界限的合理划分。完善的市场经济前提是政府与市场功能的科学、合理界定，政府干预不仅不能违背，而且必须遵循市场规律。属于市场领域的，政府应当放松规制，放手让市场机制发挥作用；对于存在市场失灵政府干预能够有效弥补的领域，政府应当加强宏观调控，主要采用经济的和法律的手段来弥补市场的不足。二是建设统一、开放、竞争、有序的市场体系，主要是加紧建设全国统一市场，规范市场秩序，建立健全社会信用体系等。三是政府的宏观管理与调控必须严格依据法律授权来进行，不介入具体的经济活动。政府应通过立法和法律监督，限制和隔离政府直接干预经济活动的权力，明确宏观调控的主体只有中央政府，其他层级的政府和部门只是依据法律授权进行一般管理，为市场经济运行提供良好的外部环境。

6.5.2 引入社会力量参与高新区公共治理

社会力量参与治理的必要性和可行性在前文已经从理论层面进行了详细阐述，在此着重论述社会力量参与路径问题。社会力量参与治理不应当成为一种宣传口号，而应当通过系统的环环相扣的程序设计来落到实处。对于高新区治理而言，社会力量参与治理的过程是政府和社会的互动过程，其互动主要通过政府放松规制，不断开拓新的参与渠道来引导和吸纳社会力量进入高新区治理框架中。

首先，参与的主体多元化。治理理论的最突出表现便是多元主体的共同治理。参与主体间可以有不同的分工，但是一个不可忽视的前提是各个参与主体地位的平等，否则参与只能是空中楼阁式的蓝图描绘，永不可能成为真正的现实。对于我国而言，社会的充分成长尚有待于政府行为的调整，只有政府从社会领域中淡出，社会自主力量才能够具有成长的空间，最终形成一股强大的影响力，多元主义的地位平等才成为可能。

其次，参与渠道的多样化。政府和公民之间互动效果应当由公众来评价。公众对于参与渠道是否满意主要采用“用脚投票”的方式表达出来，即在一种渠道不畅的情况下，公众将选择其他参与渠道。因而，参与渠道的多样化便至关重要。而多样化也不仅仅是单纯数量上的要求，更重要的是公民具有通过何种渠道参与的选择权。这种选择权的保障实质上便是一个淘汰无效参与渠道、创新参与机制的过程。各个地方政府均在探索新的参与渠道，只有赋予公民充分的选择权，我们才能够筛选出真正行之有效的参与渠道。

最后，参与结果的制度化。在此强调的是参与结果的制度化，而并非参与渠道的制度化。社会力量的参与结果代表着全体公民的呼声，意味着民意的体现。参与结果是否得到尊重、在治理过程中是否得以体现，是衡量高新区治理的重要标准。只有将参与结果上升到制度层面并加以贯彻实施，社会力量的参与热情才会得以延续。

6.5.3　优化高新区公共治理结构

一是要公共治理结构主体多元化。公共治理主体由过去单一的政府变为由政府、企业和社会组织各方有序参与的合作集体。治理规范由过去单纯的国家法令变为法令、道德和社会及公民的自主契约等并存。治理程序从仅仅考虑效率变为公平、民主和效率等并重。治理的手段由过去单纯强调法治变为重视法治、德治和社会公民自觉自愿的合作相互补充。治理的方向由过去单一的自上而下变为上下左右互动。

二是要促进公共部门改革。强调多元主体公共治理，有效组织公共物品，改善公共管理机制和手段，发挥市场机制的作用，引入私营部门管理的模式，发挥非营利组织提供公共物品和准公共物品的作用。政府可对非营利组织予以充分的赋权和支持，对其服务供给采取资金补贴、订立合同、特许经营、公私合营、政府购买、贷款担保等多种形式，与其他社会主体合作提供公共物品。因此，通过法律的形式确定公共和私营部门共同分担社会公共服务的职责。

三是要促进公共物品领域改革。打破政府垄断公共物品供给，发挥市场机制，发挥非营利组织作用。加强政府组织与非政府、非营利组织的合作，公营部门与私营部门的合作，以改善公共物品供给数量和质量。

6.6 加强人才队伍建设，培育社会中介组织

6.6.1 加快建设一支高素质的行政管理服务队伍

古人云：为政在人。加强高新区科学管理，人才是关键，干部是保证，重点是要努力建设一支有管理能力、会专业技术、懂国际化运作的高素质的行政管理干部队伍。一要坚持科学标准。高新区公务员一般地说文化素质比较高，在管理队伍建设中要坚持科学的精神和科学的态度。要提倡尊重科学、尊重知识、尊重人才，坚持按科学的规律公平公正的办事原则。只有树立科学求实的态度，才能树立公务员的权威，提高高新区行政管理工作效率。二要注重创新能力。高新区是改革开放和社会主义现代化建设的前沿和窗口，要求行政管理人员必须具有开拓进取、勇于创新的精神，能够研究新情况，解决新问题，提出新措施。要克服因循守旧，不思进取，按常规办事，不能开创新局面、创造新业绩的种种痼疾。三要追求高效工作。在当今的信息时代，经济的发展和社会的进步，强烈呼唤着政府行政管理工作的高效率。效率是生存的基础，是发展的有效手段。高新区行政人员手中掌握着权力，控制着相关资源，其工作效率的高低，直接影响着高新区的健康发展。要倡导雷厉风行，注重实效的工作作风，以顺应经济快速发展的需要。四要强化廉洁奉公。腐败现象是建立高效行政体制的大敌。腐败活动破坏了政治体系赖以运行的合法性基础，削弱了政府权力运行中的公平和正义原则。因此，清正廉洁是国家行政人员所具有的基本道德品质。高新区行政管理人员与外商接触较多，管理工程项目较多，与金钱打交道较多，勤政廉洁尤为重要。要通过加强行政监督，加强思想政治教育，提高广大行政管理人员勤政廉洁的自觉行为。

6.6.2 大力发展和培育社会中介组织

在“二次创业”中，高新区面临的又一项艰巨任务，就是在建立市场经济秩序的基础上，如何完善具有创新活力的中介服务体系。科技部在《若干意见》中强调了“建立健全社会中介服务体系，是高新区实现高效管理、

优质服务的重要基础”。美国硅谷之所以能够吸纳 40000 多家软件公司和 300 多家芯片公司，并在 1997 年创造 4500 亿美元的企业市值，其中一个重要的因素就是科学透明的游戏规则和完善的社会中介服务体系。提高政府的中介应用能力，这就是说政府要把一部分职能转移给社会中介组织，同时加强与之沟通，加强对社会中介服务业的综合协调管理，使社会中介组织发挥更大的作用。加入 WTO 后，政府管理要明确界定其范围与职权。现行体制下的一些政府管理职能要取消或削弱，一些政府职能要转经商会或行业协会等社会中介组织，强化商会在企业与政府之间桥梁作用。在计划经济体制下政府做了本来不该做的事情，随着行政体制改革中政府职能转变到位，中介机构的职能将会充分发挥出来，很多政府管不了，管不好，也不该管的事情将交给中介机构来做。实践证明，由于高新区本身就是市场机制的产物，应吸引更多的中介机构进入高新区来完成其各种市场功能，聚集市场要素。如果社会中介机构不发挥作用，那么政府职能转变就不可能是彻底的。在美国“硅谷”，包括风险投资家、律师、会计师、猎头公司、市场咨询、租赁公司等均扮演着重要的社会中介角色。

由于我国高新区起步较晚，目前，我国大部分高新区内社会中介机构服务职能较弱。因此，我国高新区应充分发挥社会中介服务组织的支撑、桥梁和纽带作用，要大力发展服务于创新和产业化的社会中介机构组织，加强管理和引导，重点鼓励和发展一批高质量的科技评估、知识产权服务、风险投资服务、科技产权交易、企业管理咨询等社会中介服务机构入驻园区，为园区内的企业的培育和发展创造社会化的服务和保障条件。

6.7　培育公共治理理念，完善制度体系

6.7.1　公共治理理念的培育

改革首先要从理念或价值层面上入手。治理理念的核心是互动、效率和公正。

(1)互动。治理的实质就是建立起政府、市场和第三部门之间的有机互动。互动主要表现为：一是公共事务的管理主体呈现多元化，政府不是

唯一的权威统治者,非政府组织成为公共事务管理者之一。二是管理过程从过去自上而下的单向管理变为上下互动的动态过程。三是政府机构不再利用它的权威进行发号施令式的管理,而是与非政府机构建立起合作、协商的关系,共同完成公共事务的管理。

(2)效率。当西方世界自20世纪80年代兴起新公共管理运动后,人们的目光就转向了政府运作的效率问题。政府作为一个组织,有自身的成本核算、财政控制。人员冗杂、机构臃肿,造成了不堪重负的财政危机,从而导致政府公共服务效率低下,不能很快对人民的要求做出回应,造成信任危机。

(3)公平。公平不仅是一种伦理价值,更是政府治理过程中不容忽视的政治价值。作为政治范畴,公平指的是"一种社会政治制度和政治主张,体现为公正合理地配置权利和义务,保持稳定的社会秩序"。政府在管理过程中,必须遵循公平的准则,平等地对待每一个经济实体和个人。市场经济提倡公平竞争,高新区作为市场经济的示范区,更应该在竞争体制中体现"公平"的价值。

(4)法治。法治是"善治"的基本要素之一。法治对公民而言,意味着必须服从国家制定的法律,在法律允许的范围内追求自身的利益,保障自己的个人权利。法治对政府而言,意味着政府的各级官员必须服从法律,行使职权必须遵循严格的程序。

治理理念的培育,首先,要培育高新区政府公务员的治理理念。公务员作为公共权力的使用者和公共利益的维护者,是人民的公仆、人民的勤务员。但受到中国历代统治思想的影响,政府官员成为了权力的象征,"官本位"思想日益严重。因此转变公务员的思想,提高其服务意识是关键。对于高新区的管理,公务员对企业要树立"为纳税人服务","企业需要什么,我们提供什么"理念,以提供"零缺陷服务"为目标。其次,要提高公众的参与意识。治理理念提倡政府和公民社会的互动,可以适当地引导和运用公众参与来保证政治的透明性和行政的有效性,减少公民对政府过多的依赖。公民社会的成长意味着有更多的"积极公民"来督促政府行为。

6.7.2 制度体系的完善

邓小平同志曾经精辟地指出:制度问题带有长期性、根本性、全局性和稳定性。要解决我国长期以来存在的体制问题,关键在于制度创新。制度创新的动力来源于生产技术的发展和市场规模的变动,经济高新区的发展推动了这两项基本因素的变化,导致制度创新需求的产生。

(1)规范政府的资金平衡体系。一是保证高新区基础设施建设资金的平衡。我国大部分高新区靠国家贴息的优惠贷款进行基础设施建设,通过以贷还贷方式进行滚动式开发。这种模式造成了高新区负债经营、收益缓慢,加重了高新区的经济负担。为了保证基础设施建设资金的平衡,可以通过拓宽融资渠道来筹集更多的资金。例如,可通过各种金融机构运用各种方式将社会上分散的资金集中起来,转化为再生产投资;通过发放各种有价证券吸引资金;通过进一步开放留成外汇调剂市场融通资金。二是维护高新区财政资金的平衡体系。高新区的收入主要来源于土地批租和税收,这笔财政收入主要用于后期基础设施的建设、环境建设和高新区自身的管理和员工福利。在这方面可以通过完善分税制获取高新区应有的税收收入;通过机构自身建设减少管理资金的投入;也可以通过划片开发的方式将高新区土地划成功能小区承包给公司集团开发。这些措施,不但可以增加区内的财政收入,而且可以提高基础设施建设水平。

(2)建立运行机制完善、协调功能有效的高新区行政管理体制。一是处理好高新区管委会各部门之间的关系,是建立完善的运行机制的前提。管委会各部门要"高效率、快节奏"地运转,管委会与各职能部门之间、职能部门与职能部门之间应密切合作,紧紧围绕高新区发展的实际需要开展工作。各部门不能各自为政,要统一思想,在必要的时候合署办公,联合运作,打破部门界限,以做好高新区的工作为核心目标,坚决杜绝相互推诿、相互扯皮的现象。二是处理好官、产、学、研之间的关系,建立健全四大主体的合作运行机制。高新区要探索出一套符合高新技术产业特点的四大主体合作运行机制。"官",主要任务是保护产权,引导科技成功向产业、产品的有效转化。"产"的主要作用是为科技课题的立项、研究提供资金、设备,并负责科技成果的产业化、产品化。"学"、"研"的作用则是利用自身的科研基础和知识优势,运用提供的资金开发出新的成果。其中,产与学、研是互为前提的关系,官则是这种关系规范运行的保障。三是处理好高新区与所在行政区之间的关系,形成规范、有效的协调机制。处理好高新区与所在行政区之间的关系是高新区持续、健康发展的前提。参照"复合行政"

和“协同政府”的理念，高新区应该充分尊重现有行政区划，在发挥市场资源配置优势基础上，适应区域经济一体化的需要，适时转变自身职能，并利用信任将不同的组织整合起来，在这个基础上，将高新区管委会与所在行政区之间的协调机制以制度化的途径加以固定。

(3)规范高新区补偿及退出机制。要调整高新区的优惠环节、优惠对象和方式。清理高新区政策，在遵守 WTO 原则的基础上，广泛借鉴国际经验，进行适时调整，最大限度地利用允许的政策空间，以促进高新区的进一步规范发展。借鉴国外高科技产业风险投资的成功经验和做法，按照国际规范和要求，积极推进高科技企业产权制度改革，完善企业法人治理结构，建立适应高科技产业发展的现代企业制度，建立符合市场经济规范的产权管理体系。在开发公司逐步脱离政府体系实行规范的公司制运营管理后，要按照谁投资谁受益的原则，企业和政府应在平等、科学的基础上制定合理的评估标准和补偿办法。将政府补偿义务通过合同条款形式加以确定，并明确政府补偿的风险担保或抵押，制定规范的评估标准和补偿办法，建立规范、开放的高新区管理经营权流转市场，通过招投标等形式实现外来资本的进入和退出。补偿方式可采用财税返还、交叉补贴、上述两种方式的搭配使用等。

6.8 积极探索高新区的企业化公共治理模式

6.8.1 探索高新区资产运行管理机构的创新制度安排

实行政资分离的高新区资产运营管理体制。把高新区资产运营管理职能从管委会中剥离出来，建立专门的资产运营管理公司，负责高新区的建设、运行和服务。管委会主要承担制定政策，建立制度规范，对资产运营公司实行监督管理。资产运营管理机构主要负责项目融资和开发实施。开发运行机构在政府安排的制度框架下，自主经营，允许民间资本经营或参与，按照市场经济的运作模式管理。在发展初期，政府将给予资助和补贴，对其提供的基础设施价格实行上限控制。此外，探索高新区行政职能与经营管理职能由合一转向分离的途径。创新政府和开发公司新的监管模式和利益分配机制。在制度设计上可先压缩,再剥离,初期阶段可适当保留管委会的行政职能,但在隶属关系上应与开发公司相脱钩。

6.8.2　推进高新区行政管理体制改革

首先,积极探索政府职能转变的新路子。明确高新区行政管理体制的性质、地位及机构设置等问题。通过法律、法规赋予高新区管理机构权力。实现依法行政,依法治区。其次,切实转变政府职能,为经济发展创造宽松的环境。按照市场经济的要求,明确界定政府与企业、政府与社会、政府与中介组织的职责,规范政府职能和行政行为,尤其是在公有设施建设和管理、环境保护、市场管理、社会保障等方面大胆改革,探索新的管理模式。

6.8.3　产权实体应实行规范的公司制

确定高新区产权主体及运营身份。赋予开发公司自负盈亏的独立法人地位,政府通过国有资产公司在开发公司中占有绝对或相对控股股份。随着高新区运营逐步规范,政府应逐步退出,为开发公司留出充分市场化的空间。要实现产权多元化,引入企业内部制约机制,引入企业股东,建立规范的公司治理结构。建立公司内部及外部的监控制约机制,通过政府放权让利、员工身份转变、薪酬与绩效挂钩等制度改革,实现开发公司规范的治理结构。要探索新的公司运作管理模式,分离城市公共基础设施建设功能。推动高新区运营层面的创新,成立合资公司或项目外包,推行开发模式多元化、经营业务多元化。

第七章　典型案例——宁波国家高新区

7.1　宁波国家高新区的发展历程

宁波国家高新区的前身是宁波市科技园区，始建于1999年7月，建成后发展迅猛，已成为宁波市实施科教兴市"一号工程"和创新型城市建设的重要载体。在浙江省11家省级高新区综合考核中，宁波高新区连年是"状元"，并被科技部批准为国家火炬计划电子信息产业基地。2007年1月，经国务院批准，宁波高新区升级为国家级高新技术产业开发区。宁波国家高新区总面积10平方公里，东临宁波深水良港，南接杭甬高速公路，西靠宁波市区，北连杭州湾跨海大桥，是宁波建设创新型城市的重要载体和长江三角洲南翼的科技创新基地。宁波国家高新区先后引进中科院材料所、兵科院宁波分院、宁波中科集成电路设计中心、宁波微软技术中心、TRW亚太技术中心等科技研发服务机构183家；①集聚日本三洋、美国伊顿和日银IMP微电子、升谱光电、永新光学等各类企业1500多家；建成了宁波市科技创业中心、创新大厦、火炬大厦、浙大科创中心、香溢软件园等总面积达25万平方米的高水准孵化器，从业人员达人才8万余人。②

---

① 数据来源：宁波国家高新区政府办公室. 宁波国家高新区"十一五"工作总结和"十二五"及2011年工作安排，(2011-3-14)，http://xxgk.nbhtz.gov.cn/govdiropen。

② 数据来源：《2010中国火炬统计年鉴》。

当前，宁波国家高新区正按照科技部和省、市政府的要求，全面提升自主创新能力，加快提升创业水平，着力改善创业环境，努力建成长三角南翼自主创新的引领区、科技创业的核心区、高新产业的示范区和和谐发展的科技新城，成为一流的创新型科技园区。宁波国家高新区空间地理位置如图 7-1 所示。

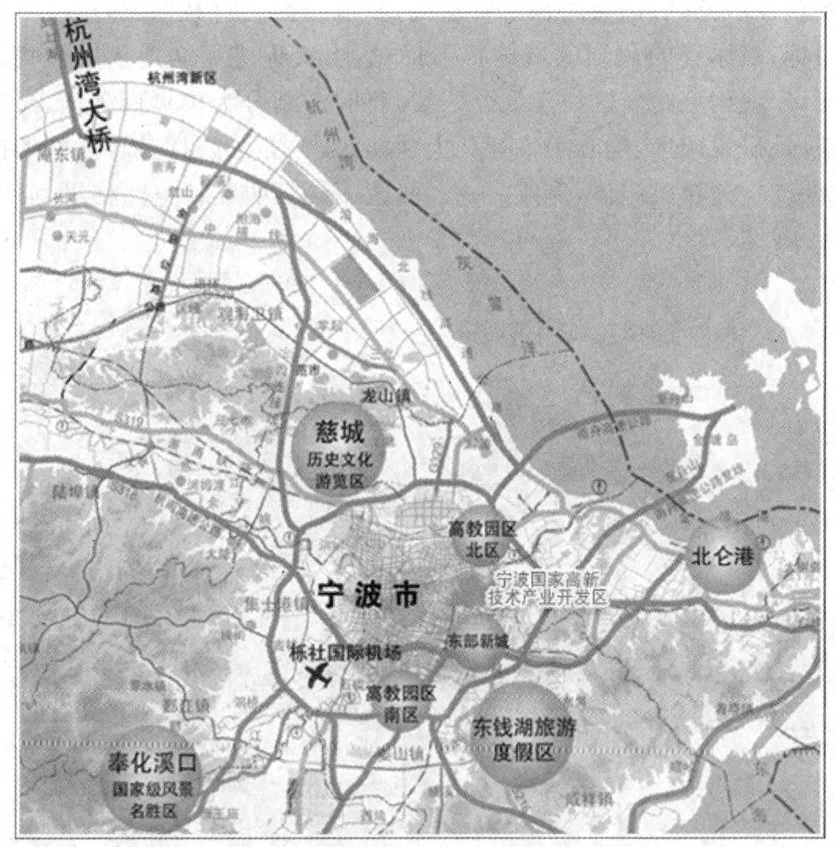

图 7-1 宁波国家高新区空间地理示意图①

7.2 宁波国家高新区公共治理现状

目前，宁波国家高新区按照绩效评价指标体系排名处于全国 56 个国家级高新区的中上游水平。我们从空间布局、载体建设、产业结构、社会民生

① 资料来源：宁波国家高新区政府网，http://gjgxq.ningbo.gov.cn/doc/zjgxqyqjsqywz/。

等几个方面对宁波国家高新区公共治理现状进行分析。

第一，科学谋划空间布局，功能定位逐渐清晰。宁波国家高新区十分注重优化发展规划，拓展园区发展空间。宁波高新区升格为国家高新区后，功能定位更加清晰，按照“三区一域”的建设规划：即打造积聚研发要素，自主创新的引领区；积聚孵化资源，科技创业的核心区；聚集特色产业的高新产业示范区；以及加快新城建设，和谐发展的科技新城，进一步优化发展目标，对原有的规划区域进行了优化，大大促进了企业入驻聚集。与此同时，宁波国家高新区科学划分区块，将园区划分为中央商务区、高新技术产业区、研发园区、配套用地等几大功能区，在充分发挥各自功能的前提下，相互支撑连接成一体，形成“一心、两区、六园”的独特空间格局，如图 7-2 所示。

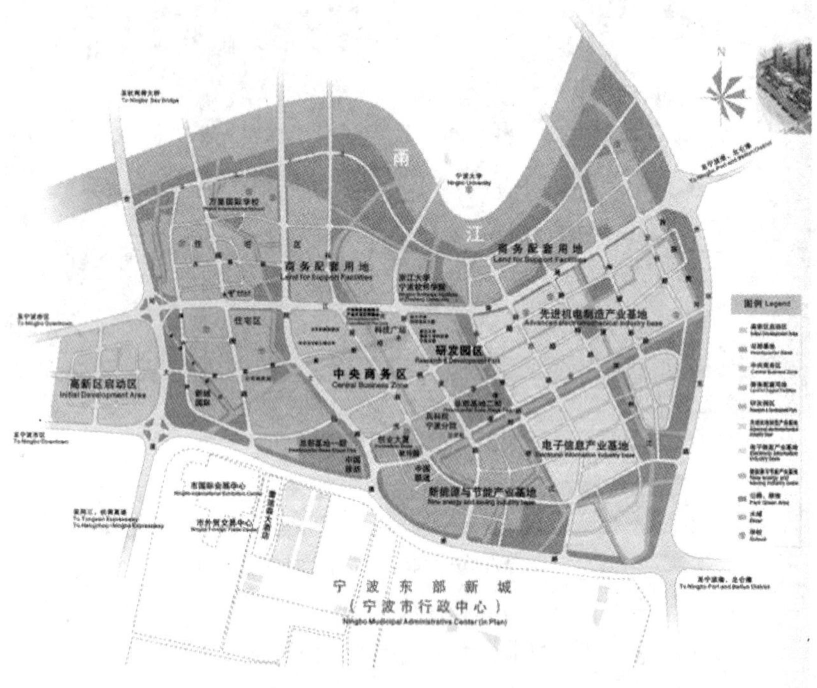

图 7-2　宁波国家高新区空间布局和功能定位①

第二，载体建设成效明显，创业孵化水平明显提升。截至 2011 年 3 月，

① 资料来源：宁波国家高新区政府网，http://ext.nbhtz.gov.cnyqscp4.php。

宁波研发园已累计引进研发及服务机构183家，包括院士工作室5家，萨基姆、微软技术中心等跨国企业研发机构3家，企业工程（技术）中心100多家，大院名校技术转移中心和宁波市十大公共技术服务平台等12家。与此同时，宁波国家高新区不断加快创业孵化体系建设，建成了宁波科技创业中心、浙大科技创业中心、甬港现代创业服务中心等一批创业基地，新能源与节能、嵌入式软件等专业孵化基地以及10万平方米的企业加速器。宁波国家高新区孵化器总面积达50万平方米，成为浙江省最大的科技创业基地，累计孵化培育创业企业1200余家，基本形成包括“研发—孵化—中试—产业化”的科技创业链，建成经营模式多样化的创业孵化体系。①

第三，经济总量保持快速增长，产业结构不断优化。宁波国家高新区产业结构不断优化，园区高新技术制造业和知识密集型现代服务业已初步集聚并呈现快速发展势头，新的产业增长点不断涌现。就高新技术制造业而言，新能源产业、半导体与光电产业和新材料产业等在园区产业发展中的地位日益凸显。尤其是新能源产业，宁波国家高新区凭借雄厚的发展基础和科研实力在太阳能电池、绿色环保电池等领域初步形成了较强的竞争力，并与宁波区域范围内的相关产业形成了较好的产业配套。同时，园区高技术服务业发展势头良好，研发设计产业正在步入快速发展期。此外，园区软件产业也已经形成了一定的发展基础，中科院软件所宁波开发中心、浙大软件学院宁波分院、国家软件评测中心宁波分中心、微软宁波技术中心等科研院所和著名企业为软件产业发展提供了有力支撑。近几年，宁波国家高新区经济一直保持了快速发展的态势，主要经济指标增幅都在40%左右，大大高于周边地区的增长水平；从经济总量上看，宁波国家高新区2010年实现国内生产总值136亿元，是2005年（35.7亿元）的3.8倍多，年均增长30.6%；实现技工贸总收入640亿元，是2005年（119.5亿元）的5.4倍，年均增长40%；实现财政收入24.6亿元，是2005年（5.52亿元）的4.5倍，年均增长34.9%。②

第四，注重民生，社会公共事业和谐发展。宁波国家高新区通过进一步优化教育布局，加快发展医疗卫生事业，扎实开展社区卫生服务工作，不

① 数据来源：宁波国家高新区政府办公室，宁波国家高新区“十一五”工作总结和“十二五”及2011年工作安排，(2011-03-14)，http://xxgk.nbhtz.gov.cn/govdiropen。

② 资料来源：宁波国家高新区政府网，http//xxgk.nbhtz.gov.cn。

断提高公共卫生应急能力。通过深入开展社会救助与帮扶工作，进一步提升慈善、残联、宗教等工作水平，社会事业发展水平稳步提高；通过加快推进行政审批制度改革，启动综合服务大厅运行新模式，全面梳理行政审批事项，服务水平进一步提高；通过加强劳动保障基层平台建设，加快推进城乡统筹就业，畅通劳动投诉渠道，加大劳动检查和劳资纠纷化解力度，妥善开展劳动仲裁工作，劳动就业社保工作有序开展。具体而言，主要表现在以下几个方面：

一是教育资源优质化程度不断提高。目前，宁波国家高新区有常住人口7.5万人，其中户籍人口2.3万人。区内拥有中学3所、中专1所、小学6所、幼儿园10所以及成人学校1所，中学（初中）在校生超1万人、小学在校生超3000人。义务教育入学率和巩固率达100%，初升高比例达96%，幼儿园入园率达97%以上。成人教育和职业教育工作逐步展开，每年投入区级教育事业经费达200余万元，教育设施得到明显改善，师资力量逐步加强，教育质量得到稳步提高。

二是卫生、医疗服务条件得到进一步改善。宁波国家高新区公共卫生体系已初步建立，疾病防治、妇幼保健、卫生监督等工作有序展开，打击非法行医行动成效明显。园区内医疗条件得到一定改善，现有医疗机构20余家。农村新型合作医疗深入开展，参保率已达98.9%，参保农民享受两年一次的免费体检，参检率已超过90%。

三是社区建设步伐加快，村（居）文体生活日益丰富。宁波国家高新区现有1个规范性社区、3个过渡性社区，另有3个规范性社区抓紧筹建。高新区广电中心成立，《高新区新闻》和《影视剧场》等栏目开播，高新区丰富多彩的文体活动较好地满足了城乡居民文化生活需求。群众文体队伍蓬勃发展，目前已有门球队、走马灯、腰鼓队等文体队伍30余支。

四是民政、残联等工作全面有序开展，切实解决民生、民困问题。宁波国家高新区已基本构建起以最低生活保障为基础的新型全方位社会救助体系，民政优抚安置等工作稳步推进。园区开展助老、助学、助困、助医等慈善活动，累计资助400余人次，资助金额逾50万元。

7.3 宁波国家高新区公共治理存在问题分析

通过实地调查走访，查阅相关文献资料，宁波国家高新区公共治理在近几年从园区空间布局、功能定位、产业结构、载体建设、公共事业、社会民生等方面都取得了长足进展，但我们也应该看到在发展的同时，宁波国家高新区公共治理也存在着一些问题。

7.3.1 管理体制受传统束缚，缺乏一定的创新性

宁波国家高新技术产业开发区管理委员会是宁波市人民政府的派出机构，由市人民政府授权，代表政府对高新区及其区划范围内实行统一领导和管理，在其管理区域内行使相关的市级经济管理权限和相当于县级社会和行政管理职能。[①] 管委会内设机构及分支机构在区内依法行使当地政府相应职能部门的管理权限，承担相应责任。作为宁波市地方政府的派出机构，高新区管委会虽然拥有市级经济管理权限，但在实际运作中上级政府对宁波国家高新区的授权往往不是一次性完成的，经常要在反复调研、论证之后才能确定授权内容。由于权力、利益、责任划分等方面的问题，宁波国家高新区与区外原有体制的摩擦时有发生。与此同时，宁波国家高新区实行的是政府主导的治理模式，拥有较为集中的管理权限，各项管理缺乏一定的创新性，高新区政府对高新区事务的过分干预，导致行政成本过高。

7.3.2 民主参与力量较弱，行政效率较低

由于宁波国家高新区的体制机制一定程度上还与传统行政体制类同，机构设置存在着一定的不合理性，突出表现在办事效率、办事机制、民主监督等方面。例如行政审批过程中对审批事项缺乏必要的梳理和整合，环节较为繁多，流程较为复杂，在解决实际问题时还存在着一定的“推、拖、走过场”的形式，在重大项目特别是涉及广大人民群众生产生活的政策在具体

① 资料来源：宁波国家高新区政府网，http://gjgxq.ningbo.gov.cn/doczwgkjggkgzzz。

制定、实施的过程中，民主参与力量较弱。同时，高新区工作人员综合能力有待进一步加强，较高专业水平的团队不多。工作作风和效能上与现实要求还存在一定的差距，民主监督服务型政府建设有待进一步加强。

7.3.3 市场机制有待进一步完善，社会中介机构的服务职能较弱

在宁波国家高新区内，虽然大多数都成立了诸如行业协会、商会，以及金融、投资、证券、贸易、人才、知识产权、信息、法律、会计、审计、合同仲裁等各种中介服务构，但这些中介服务体系的地位还是没有得到充分的肯定，其原因是宁波国家高新区实行的是政府主导型的治理模式，高新区管委会操办开发区的一切事宜，以一整套行政管理的制度和方法管理国民经济，以行政命令的方式落实经济计划，这就导致了社会中介机构的发展缓慢，其地位没有得到充分肯定，它们在产业发展、企业管理、投融资服务、社会服务等方面的积极作用没有得到充分发挥。

7.3.4 科技投入不足，企业技术创新程度较低

从现有数据来看，2009 年宁波国家高新区科技活动经费支出为 24.58 亿元，R&D 经费支出为 13.58 亿元，科技活动人员为 9418 人，[①]三个指标分别位列全国 57 个[②]国家高新区第 36、34 和 48 名，均处于全国 57 个国家高新区中下游的水平，支出和人员比例分别占全国水平的 0.84%、0.98% 和 0.59%。与此同时，高新区企业技术创新能力也较弱。主要表现在：一是宁波国家高新区高新技术企业科技活动经支出和 R&D 经费支出偏低，科技活动人员较少，三者分别为 46.61 亿元、25.62 亿元和 39364 人，[③]从浙江省来看分别占 18.81%、22.67%和 21%。二是火炬计划项目数偏少，专利授权数较低，分别只有 5 个和 221 项，[④]占浙江省的 7.46%和 24.5%。三是火炬计划项目计划总投资和实际落实资金额偏低，政府投入不足，两者

① 数据来源：《2010 中国火炬统计年鉴》。

② 需要说明的是，苏州工业园区也计入在内，其余 27 个国家级高新区的数据由于升格时间较晚，故尚未统计在内。

③ 数据来源：《2010 中国火炬统计年鉴》。

④ 数据来源：《2010 中国火炬统计年鉴》。

指标分别为14.85亿元和8.59亿元,[①]分别占浙江省的9.58%和11.52%。在实际落实资金中,来自政府投资金额为0.07亿元,[②]仅占0.87%。

7.3.5 人才引进力度有待进一步加强,高层次人才缺乏

宁波国家高新区通过与宁波市委组织部、宁波市人事局联手打造"创新型人才高地",组建中国宁波留学人员创业园,出台多项人才激励政策等途径,大力引进高级人才。目前,宁波国家高新区共集聚各类人才2万余名,海外留学人才350余名,有5人入选国家和省"千人计划"(截至2011年3月,宁波全市数据分别为7人和11人[③])。其中大专以上人才2.9万名,中高级职称6800余名。[④] 但是,与全国57个国家级高新区相比,宁波国家高新区中高级职称人才总数位列第44名,大专以上人才总数位列第41名,[⑤]无论是从总量和结构层次都处于全国中下水平,与高新区打造"创新型人才高地"的战略目标不符。究其原因,主要是人才引进力度不强,与周边地区的国家高新区相比,出台的多项人才激励政策优惠没有竞争力和吸引力,落实不到位。特别是海外高端人才的引进不足,缺乏专项资金海外人才创业项目缺乏专项资助等。

7.4 完善宁波国家高新区公共治理的对策建议

7.4.1 国外典型高新区公共治理经验借鉴与启示

纵观世界,一些著名的高新园区之所以成功,这与其拥有较为先进的公共治理经验有关,如美国的硅谷、新加坡的裕廊和我国台湾地区的新竹等。这些开发区成功的因素很多,既有体制方面的,也有机制方面的;既有政治方

① 数据来源:《2010中国火炬统计年鉴》。

② 数据来源:《2010中国火炬统计年鉴》。

③ 数据来源:根据宁波桥网:http://www.ocao.ningbo.gov.cn 及凤凰网:http://news.ifeng.com 相关数据及新闻报道综合整理。

④ 数据来源:《2010中国火炬统计年鉴》。

⑤ 数据来源:根据《2010中国火炬统计年鉴》相关数据资料综合整理。

面的，也有非政治方面的。但综合各高新区的实际发展经验，我们不难发现他们均具备一些共同的创新的必要条件，正是这些高新区公共治理的发展经验，对于正在蓬勃发展的宁波国家高新区具有现实的借鉴意义。

1. 科学规范的管理体制是高新区发展的强大动力

工业园区有多种治理模式。比如新加坡的裕廊工业区是由政府主导建设和管理的，美国的硅谷是由民间力量（斯坦福大学）举办的，而日本一些工业园区则是由一些商业型公司开发建设的。由于治理模式的不同，这些园区在管理体制上也存在着一定的差别，但总体来看也有一些共同点，那就是政府在对公共事务的干预呈现总体下降的趋势。例如新加坡裕廊工业区由隶属于新加坡贸工部的裕廊局代表政府对工业园区行使管理职能，其主要职责范围是根据国家相关产业政策制定园区发展规划，建设配套完善的基础设施，统筹协调区各项工作，提供高效优质的各种社会化服务。但在经济上，裕廊工业区则采取独立核算、自负盈亏的企业经营方式，由管理局向银行贷款土地开发所需资金，管理局则通过厂房和土地出租获得收入，并承担相应的经营风险。①

而硅谷在具体开发过程中，政府除了对产业进行相应的引导和政策上给予支持外，主要由开发主体以市场化的方式进行管理和运作，这不仅可以大大降低工业园区的开发成本，而且也有利于提高园区土地的产出率。很多人把硅谷的成功归功于市场化经营模式，认为后来的筑波科学城没有达到硅谷的高度，是因为它们都是政府规划的产物，政府的参与在园区开发建设过程中不可避免地带来计划的色彩，使得经营效率降低。但高新区的公共治理是随着高新区的不同发展阶段，根据不同的市场环境应该相机采取不同的模式，不能单纯地说政府参与对开发区有百害而无一利，其实在硅谷建设之初政府也有很大的作用。② 以半导体产业为例，政府在硅谷形成初期便是通过国防部的巨额订单（约占 35%～40%）来扶持硅谷地区相关产业的生存与发展的。

---

① 根据高玫：《国外工业园区建设的经验及对江西的启示》，《科技广场》2008 年第 4 期，第 175 页综合整理。

② 根据闫国庆等：《开发区治理》，中国社会科学出版社 2006 年版，第 204—207 页综合整理。

2. 科技创业人才的集聚是高新区的创新源

"人才是第一资源",因此人才对高新区而言其作用不可估量,两者相辅相成。在人才吸引和聚集方面,我国台湾地区新竹工业园通过一系列的人才扶持和优惠政策大力吸引高层次人才进入园区。到2004年年底,新竹工业园从业人员中有62%为大专及以上学历,硕士和博士人数分别为16726人和1209人。[①] 特别值得一提的是,"海归"人员回台给台湾带来的先进的科学技术和经营理念,在园区发展过程中起到了举足轻重的作用。在人才引进和培养方面,做的最为突出的则应属硅谷。硅谷非常重视人才,为各式各样人才的成长创造了优越的环境和条件。在优胜劣汰的机制下,鼓励人才流动。作为世界最先进人才和最尖端技术的聚集地,硅谷有40多个诺贝尔奖获得者,有上千个科学院和工程院院士。1989年,在约33万名高技术人员中,自然科学和工学博士就有6000多名。[②]

3. 社会化服务是高新区健康发展的重要保障

新加坡裕廊开发区位于新加坡岛西南部的海滨地带,距市区近10公里,面积大约为60平方公里。新加坡裕廊开发区成功经验,主要体现在两个方面:一是完善社会化的企业服务系统,重视区内中小企业的衍生和发展,建立了较为完善的一整套相互分工协作的。正是有这样的体系,才使得新加坡裕廊开发区内企业的成活率和成功率很高。二是建立健全中介服务机构体系。作为市场经济正常运转的润滑剂和推进剂,同时也是企业集群正常运转的支持系统,中介组织通过为交易双方提供各项中介服务,降低包含信息成本在内的各项交易成本。裕廊开发区通过建立完善的专业化服务,通过制定和实施调动各种社会力量来兴办中介服务机构的相关政策,大力发展中介组织,努力构筑精细的专业化分工体系,发展多种类型的科技企业孵化器,大力发展服务于创新和产业化的中介机构组织,采取有力措施扶持园区专利事务所等知识产权保护专业机构。[③]

---

① 闫国庆等:《开发区治理》,中国社会科学出版社2006年版,第199页。

② 胡德巧:《硅谷与筑波成败的体制分析》,《中国改革》2000年第9期,第14页。

③ 根据闫国庆等:《开发区治理》,中国社会科学出版社2006年版,第201—203页综合整理。

7.4.2 完善宁波国家高新区公共治理的对策建议

1. 稳步推进高新区体制机制创新

第一，进一步强化宁波国家高新区管委会的职能创新。宁波国家高新区管委会作为市政府的派出机构，要率先进行政府管理体制的改革创新，形成强有力的促进创新型城市建设和高新产业发展的服务型政府、法治政府，形成有力保障科学发展的领导体制和运行机制。

第二，创新园区管理体制。进一步理顺管理体制，确立宁波国家高新区的法律主体地位。在实行相对独立的管委会体制的基础上，扩大高新区经济管理权限。省市下放到市和县(市、区)的管理权限都要下放到宁波国家高新区管委会。同时，要进一步完善工作机构，理顺内部管理体制，继续实行精简机构、简化程序、政务公开原则，克服管委会扩大膨胀的趋势。在原来高度授权、特事特办的管理体制上进行创新，实行“小政府，大社会”的管理模式，保证管理机构精简、高效，深化管理体制改革，创新社会保障体制和社区管理体制。与此同时，要充分调动民间力量和资源来办园区，有计划地探索以公司形式来管理园区，以市场这只“看不见的手”来整合、调配资源，逐步降低行政成本。

2. 构建高效的行政服务体系

第一，优化服务，提升服务效能。建立健全政府行政效能监察和绩效评估制度，把效果和效率作为政府各部门工作的评价尺度。改革行政审批制度，对各部门的审批事项进行梳理和整合，大力加强服务窗口的规范化、标准化建设，提高窗口人员的素质水平，全面提高行政服务效率与水平，为企业和群众提供最大方便。同时，对项目的备案、核准立项等流程进一步优化、简化，实行委托制，减少审批环节，力争在规定的办理时限内完成项目审批。要加大清费治乱减负的力度，重点清理行政审批环节中的收费，取消行政许可环节中不合法的收费项目，降低不合理的收费标准。

第二，进一步加强作风建设，尤其要树立“服务至上”的观念，增强服务意识和服务水平，从认识上、措施上树立起服务型机关的良好形象，做到办实事、求实效，不断提高工作效率和工作质量。同时，要加大干部培训力度,加强培训针对性,打造有较高专业水平的服务团队。

3. 加快发展高新区的中介服务

第一,理顺宁波国家高新区管委会各部门与中介机构的关系。改革当前的管理体制,把原来由高新区管委会各部门负责的涉及行业管理、社会监督等职能逐步地有计划有步骤地交由中介组织去行使,在客观上为中介组织的平稳发展提供发展的空间和平台。同时,要在高新区管委会建立相应的部门以管理协调中介组织,其主要职责在于制定中介机构管理和切实可行的优惠政策,为园区中介争取扶持资金等。

第二,加强对社会中介组织的扶持力度。特别是在技术、资金、信贷、税收等方面要给予中介组织相应的优惠措施,大力扶持中介组织,完善中介服务体系,推动中介组织向专业化发展。同时,要培育骨干中介组织,充分发挥其示范效应。要建立对外交流合作的机制和渠道,通过"引进来、走出去"的办法不断提高中介组织人员的素质。

4. 建立健全多元的投融资体系

第一,加大政府财政对科技的投入。确保用于科学技术经费的增长幅度高于财政经常性收入的增长幅度。加强宁波国家高新区与宁波市各级政府相关科技部门的协调配合,集成多方资源,形成政府投入为引导、企业投入为主体、全社会共同投入为补充的多元化科技投融资体系。一是建立健全多渠道的融资来源,要按照"政府引导、市场运作"的要求,吸纳各类投资主体参与高新区基础设施建设,分流投资风险。采取市场化的方式吸引外资、民资等各类投资主体投资入股,探索信托资金、债券等多种融资形式。二是建立健全完善的风险资本进入机制、运行机制、跟踪管理机制以及退出机制。尤其是要逐步建立起风险资本的退出机制,发挥风险资本在促进创新中的最大作用。

第二,发挥政府资金的导向作用。一是集中资金向重点项目投入。宁波国家高新区政府投入要逐步从建设性、生产性和竞争性领域退出,重点投向高新技术的研究开发、技术孵化和产业化转化等高新区发展的关键环节。二是以国家投入引导地方、企业增加投入,为宁波国家高新区的创新环境和载体建设、促进新业态和价值链高端产业的形成,以及公共科技创新服务平台、创新组织和网络、创业和人才培养、知识产权的创造和保护、技术转移与国际合作等提供重点支持。

5. 着实推进高新区的自主创新

第一,发挥政府在科技创新体系中的引导作用。宁波国家高新区要建立起政府部门各有侧重、分工协作的沟通协调机制,组织动员全区科技力量认真履行职能,加强对科技创新工作的宏观调控和督促检查,切实承担起重大科技计划争取、技术引进转化、科技合作交流、知识产权管理等重要职责,指导协调各级各部门科技工作,整合利用、充分发挥各级各类科技资源效益。

第二,加大对技术创新的投入。宁波国家高新区要完善科技扶持政策,加大科技投入,全面做好高新技术企业、科技型企业、创新型企业、专利示范企业的培育、认定和管理工作,有效提升企业的创新能力。特别是要重点加大产业共性、关键技术和社会公益技术的投入,引导和扶持企业加强先进技术产品的研究开发,鼓励推动产学研一体化进程。同时,要加强政策扶持和引导,大力推动引进高技术、高效益、低能耗、大规模的投资项目。

第三,创新产学研结合模式。宁波国家高新区要以民营企业为主要依托,推动建立企业、大学、研究机构三者利益共享和风险共担的新型产学研合作机制,全面提升宁波国家高新区的科技创新能力。要扎实推进科技合作,建立联席会议制度,落实一批合作项目,在辐射带动区域联动发展上取得实效。提升科技合作交流水平,推动园区企业与国内外大院名校广泛开展科技合作,进一步提高产学研合作的成效。

第四,健全科技创新创业的服务体系。加强和完善以政府为主导、由各种社会中介组织参与、以市场化方式途径,同时又坚持社会公益性原则的开放、高效的科技创新创业的服务体系和保障体系。引导企业、科研机构、高等学校重视和加强知识产权管理,逐步建立知识产权行政与司法保护的协调运作机制,逐步形成政府监管、企业自律、舆论监督、群众参与的知识产权保护体系。

6. 大力加强人才的引进与培养

第一,弘扬“以人为本”的观念。建立完善科技人才、企业经营管理者和党政干部人才信息库。出台各种优惠措施,支持企业与高等学校、科研院所等机构采取调研、轮岗流动等多种合作方式，搭建人才培养平台，共同培养高层次技术人才，充分调动现有科技人才的积极性和创造性，创造和完善人尽其才，才尽其用的社会环境。

第二，创新人才工作机制。一是进一步强化人才政策，以重大项目的研发与产业化为载体，花大力气引进对宁波国家高新区自主创新能力建设具有关键作用的科技领军人才。二是设立人才开发专项资金，用于高层次领军人才的培养、引进、补贴及奖励，并纳入县级财政预算，实行专户管理，滚动安排和使用。三是启动人才管理改革试验区建设。制定人才管理改革试验实施方案，出台力度更大的人才发展特惠政策，加强对高层次人才及创新项目的奖励扶持，努力提高人力资本的贡献率，全力打造“人才特区”。四是全面实施引进海外人才工程计划，加大海外高层次人才引进力度，力争成功创建国家级海外高层次人才创新创业基地。五是优化创业环境，加强高品质的配套设施建设，把宁波国家高新区打造为名副其实的科技之城、创业之城和品质之城，以吸引更多更优秀的高级人才前来高新区落户创业。

7.5 小 结

作为国家级高新区的后起之秀，宁波国家高新区在公共治理方面也有着自身的特性。宁波国家高新区公共治理现状主要有以下几点：一是科学谋划空间布局，功能定位逐渐清晰；二是载体建设成效明显，创业孵化水平明显提升；三是打造融资体系，招商引资成效明显；四是经济总量保持快速增长，产业结构不断优化；五是注重民生，社会公共事业和谐发展。但不可否认的是，宁波国家高新区也存在着一系列问题与不足，突出表现在管理体制受传统束缚、民主参与力量不强、市场机制不完善、风险投融资体系不健全、科技投入不足等方面。

结　语

一、梳理了高新区公共治理理论

高新区的公共治理表现为高新区内政府力量、市场力量和社会力量的互动和合作。但是公共治理只是一种理论上的探讨和追求，如何转化到实践层面，这就涉及公共治理模式的构建。本质上来说，公共治理模式是高新区不断发展过程中形成的，是推动高新区发展的有效的制度、体制和运行机制的总和。这一模式反映了政府力量、市场力量和社会力量共同作用的结果，核心是政府力量、市场力量和社会力量各自的角色定位和权限划分，表现形式是三者之间的合作网络的形成。具体来说，主要包括政府智力型模式、企业智力型模式和混合型治理模式。这些公共治理模式具有公共治理主体的多元化和多元主体的平等、互动和协调两个重要特征。

二、构建了高新区公共治理绩效评价指标体系

国家对高新区的“四位一体”定位以及面向长远发展的“五个转变”确立了对高新区的发展要求和评价标准，同时也是高新区公共治理绩效评价的重要基础。高新区公共治理绩效评估为新的政府治理理念提供了技术支撑，在行政管理实践中具有计划辅助，监控支持、促进、激励和资源优化等重要作用和功能。高新区公共治理的绩效评估不仅有利于树立政府的良好形象，同时对提升高新区管委会管理能力具有重要作用和意义。

根据科学性与可行性相结合、定性与定量相结合、过程目标与结果目标相结合、经济效益与社会效益相结合、管理与服务相结合的原则，本书建立了由经济发展指标、社会发展指标、资源与环境指标、能力建设指标、行政效果指标等五个一级指标组成的高新区公共治理绩效评价指标体系。其中在社会发展指标中含有一些定性指标，这些指标的评价可以从新闻媒体、社会团体及园区居民等多种角度进行综合评价而得出。为了确定各级指标体系的权重，按照改进型层次分析法，课题组制定了相关的调查问卷。通过对高新区主管部门、高新区从事具体管理工作的人员、相关研究专家等120余人的问卷调查，确定了评价指标体系的权重。

定性指标在评价时可通过对这些非计量指标设立评价参考标准将评价对象的各指标值转化为定量数值进行综合评价。定性指标评价参考标准是用来对高新区进行定性评价时所采用的评判标准，具体用于对评议指标进行综合分析和评定分数。评议参考标准与评议指标一一对应，将每项评议指标分解为具体的内容，通过详细的文字进行描述，规定每项指标各个级别的边界，指导评价人员（咨询专家）正确判断企业各项评议指标达到的水平。为了适应多目标分析判断的需要，评价标准值分别用优秀值（A）、良好值（B）、平均值（C）、较低值（D）和较差值（E）五个等级表示，对应的分数为5、4、3、2、1。

三、对56个国家高新区公共治理绩效进行了实证分析

根据指标体系对56个国家高新区的公共治理绩效进行了实证分析。评价指标的数据主要来自于2008—2010年的《中国火炬统计年鉴》、《国家高新技术产业开发区综合发展与数据分析报告（2009）》、2004—2010年的《中国开发区年鉴》等统计文献，部分指标通过换算得到。数据采集工作由课题组专人负责，最大限度保证了评价数据的完整性、可靠性和有效性。

定性指标则采用专家打分法，每位专家通过对各高新区调研的成果，综合各方面因素如网站、宣传报道、公共事件等给每个高新区对二级指标打分，最高5分，最低1分，精确到一位小数。对于定性指标的分析结果，采取算术加权平均法计算总分，再做排名，在综合评价中，则利用模糊评价法，将每一个二级指标的分值作无量纲标准化到[0,1]区间中，与定量指标一道计算。

经定性与定量综合分析，北京、上海、成都、西安、深圳、广州、杭州、天

津、长春、武汉位列前10位，惠州、兰州、珠海、桂林、海南、贵阳6个高新区位于后6位。

四、提出了我国高新区公共治理模式的现实选择

从高新区演变轨迹看，具体采用何种治理方式要与高新区的功能定位、所处及其环境、高新区生命周期阶段相匹配。高新区不同的生命周期阶段所具有的特点不同，需要采取与之匹配的治理形式。主要包括：一是实行相对独立的管委会体制；二是适时向企业治理型模式转变；三是高新区与行政区或经济技术开发区融合。

此外本书还提出了提高我国高新区公共治理绩效的具体对策，如改革高新区管委会职能，健全内部管理模式；转变政府职能，加强政府对管委会的监督与控制；创新高新区的管理体制，构建制度化的服务型管理体制；加强立法工作，确立高新区的法律地位；融入市场化因素与社会力量，优化高新区公共治理结构；加强人才队伍建设，培育社会中介组织；培育公共治理理念，完善制度体系；积极探索高新区的企业化公共治理模式等。

附件 1

专家调查咨询问卷

尊敬的____________：

您好！我们正在进行一项“基于绩效评价的我国高新技术产业开发区公共治理研究”课题研究工作，为确保指标体系的科学性，特向您咨询我们初步设计的指标体系的合理性与可行性，并请您对各项指标的权重提出建议。谢谢您在百忙之中给我们提供宝贵意见。以下是我们拟建立的指标体系。

国家高新区公共治理绩效评价指标体系

<table>
<tr><th>一级指标</th><th>二级指标</th><th>三级指标</th></tr>
<tr><td rowspan="16">社会发展A1</td><td rowspan="4">园区安全与稳定 B11</td><td>安全生产死亡人数控制比率 C111</td></tr>
<tr><td>万人刑事案件发案率、破案率 C112</td></tr>
<tr><td>园区居民安全感 C113</td></tr>
<tr><td>每万人到市级以上机关的集体上访批次 C114</td></tr>
<tr><td rowspan="4">教育与卫生 B12</td><td>教育经费占总收入的比重 C121</td></tr>
<tr><td>人均中小学教育的公共支出 C122</td></tr>
<tr><td>人均公共卫生财政经费支出 C123</td></tr>
<tr><td>园区居民健康状况 C124</td></tr>
<tr><td rowspan="4">社会保障 B13</td><td>基本养老保险覆盖率 C131</td></tr>
<tr><td>基本医疗保险覆盖率 C132</td></tr>
<tr><td>园区居民失业保险覆盖率 C133</td></tr>
<tr><td>园区居民最低生活保障覆盖率 C134</td></tr>
<tr><td rowspan="4">园区创新与文化 B14</td><td>园区居民文化娱乐消费支出比重 C141</td></tr>
<tr><td>高新区管委会体制机制创新 C142</td></tr>
<tr><td>高新区管委会管理创新、科技创新 C143</td></tr>
<tr><td>创业创新氛围 C144</td></tr>
</table>

续表

一级指标	二级指标	三级指标
经济发展A2	经济规模与效率 B21	总收入(千元)C211
		人均总收入(千元/人)C212
		工业总产值(千元)C213
		全员劳动生产率(工业总产值/从业人数)C214
		出口创汇总额(千美元)C215
		人均出口创汇(千美元/人)C216
	利润与税收 B22	净利润(千元)C221
		人均净利润(千元/人)C222
		实际上缴税收总额(千元)C223
		人均税收总额(千元/人)C224
	资产与负债 B23	年末资产(千元)C231
		人均年末资产(千元/人)C232
		年末负债(千元)C233
		人均年末负债(千元/人)C234
	市场效率 B24	人均产品销售收入(千元/人)C241
		人均技术收入(千元/人)C242
		人均商品销售收入(千元/人)C243
资源与环境A3	人力资源 B31	年末从业人员 C311
		千人拥有的大专(含)学历以上从业人数 C312
		千人中高级职称人数 C313
		千人拥有的高技术服务业从业人数 C314
	科技企业孵化器 B32	百人孵化器在孵企业数 C321
		百人孵化器累计毕业企业数 C322
		人均累计投入孵化基金 C323
		人均年末固定资产净值 C324
	资源消耗 B33	万元产值综合能耗 C331
		单位增加值综合能耗 C332
		工业废水排放总量占工业总产值比重 C333

续表

一级指标	二级指标	三级指标
资源与环境 A3	基础设施 B34	人均基础设施投入(千元/人)C341
		人均公用设施投入(千元/人)C342
		每千人宽带接入数量 C343
	生态环境 B35	工业固体废弃物排放处理率 C351
		土地资源利用率 C352
		人均绿地面积 C353
		环境保护力度 C354
能力建设 A4	R&D 活动 B41	R&D 费用(千元)C411
		人均 R&D 费用(千元/人)C412
		R&D 费用占工业总产值的比重 C413
	科技活动 B42	科技活动人员数 C421
		千人科技活动人员数 C422
		科技活动经费支出(千元)C423
		千人科技活动经费支出(千元)C424
	科技产出 B43	高新技术企业占企业总量比例(%)C431
		千人技术收入 C432
		万人国家级火炬计划项目数 C433
		万人“863”、“973”计划项目数 C434
	知识创造 B44	千人拥有发明专利累计授权数 C441
		千人当年重要知识产权授权数 C442
		千人拥有的商标数 C443
	管理能力 B45	学习与调研能力 C451
		公共服务能力 C452
		沟通协调能力 C453
		勤政廉洁能力 C454

续表

一级指标	二级指标	三级指标
行政效果A5	公众满意度 B51	企业对高新区管委会工作的满意度 C511
		园区居民对高新区管委会工作的满意度 C512
		社会团体对高新区管委会工作的满意度 C513
	管理透明度 B52	政务公开性/透明度 C521
		信息公开、传播渠道的数量与质量 C522
		推进电子政务建设程度 C523
	政策制定与执行 B53	园区环境保护措施的制定与落实 C531
		园区知识产权保护制度落实 C532
		园区企业优惠政策落实 C533
		决策的科学化与民主化程度 C534

我们决定用改进后的层次分析法来确定各指标的权重，主要是回避传统的层次分析法中的“基数效用”规则。在填写时注意以下几点：

第一，对上述一级指标在绩效评估中的重要性排序。按“⇧”方向，如果您认为表中的 A 列的某因素优于 B 行的某因素，请用符号“＋”；如果 A 列的该因素劣于 B 行的对应因素，请用符号“－”；如果 A 列的某因素与 B 行的某因素同等重要，请用符号“＝”。

第二，根据对称性，直线 MN 穿过的格子及该直线下方的格子不用填（避免发生所填两个对称格子的内容不一致）。

第三，选择者必须坚持传递性的规则，即 X 因素优于 Y 因素，Y 因素优于 Z 因素，那么 X 因素优于 Z 因素；如果 X 因素与 Y 因素无差异，Y 因素与 Z 因素无差异，那么 X 因素与 Z 因素无差异。

例如：您认为“社会发展”优于“经济发展”、“资源与环境”、“能力建设”、“行政效果”，就都填“＋”；“经济发展”劣于“资源与环境”，则用“－”；而优于“能力建设”和“行政效果”则用“＋”，以下类推。

A \ B	社会发展	经济发展	资源与环境	能力建设	行政效果
社会发展	M	＋	＋	＋	＋
经济发展	/		－	＋	＋
资源与环境	/	/			
能力建设	/	/	/		
行政效果	/	/	/	/	N

1. 判断矩阵 $A—A_n$（即社会发展 A1、经济发展 A2、资源与环境 A3、能力建设 A4、行政效果 A5 各子系统相对于高新区公共治理绩效 A 总目标的相对重要性）：

A	社会发展	经济发展	资源与环境	能力建设	行政效果
社会发展					
经济发展	/				
资源与环境	/	/			
能力建设	/	/	/		
行政效果	/	/	/	/	

2. 判断矩阵 $A_1—B_{1n}$（即园区安全与稳定 B11、教育与卫生 B12、社会保障 B13、园区创新与文化 B14 相对于社会发展指标 A1 的相对重要性）：

A1	园区安全与稳定	教育与卫生	社会保障	园区创新与文化
园区安全与稳定				
教育与卫生	/			
社会保障	/	/		
园区创新与文化	/	/	/	

3. 判断矩阵 $A_2—B_{2n}$（即经济规模与效率 B21、利润与税收 B22、资产与负债 B23、市场效率 B24 相对于经济发展指标 A2 的相对重要性）：

A2	经济规模与效率	利润与税收	资产与负债	市场效率
经济规模与效率				
利润与税收	/			
资产与负债	/	/		
市场效率	/	/	/	

4. 判断矩阵 $A_3—B_{3n}$（即人力资源 B31、科技企业孵化器 B32、资源消耗 B33、基础设施 B34、生态环境 B35 相对于资源与环境指标 A3 的相对重要性）：

A3	人力资源	科技企业孵化器	资源消耗	基础设施	生态环境
人力资源					
科技企业孵化器	/				
资源消耗	/	/			
基础设施	/	/	/		
生态环境	/	/	/	/	

5. 判断矩阵 $A_4—B_{4n}$（即 R&D 活动 B41、科技活动 B42、科技产出 B43、知识创造 B44、管理能力 B45 相对于能力建设指标 A4 的相对重要性）：

A4	R&D 活动	科技活动	科技产出	知识创造	管理能力
R&D 活动					
科技活动	/				
科技产出	/	/			
知识创造	/	/	/		
管理能力	/	/	/	/	

6. 判断矩阵 $A_5—B_{5n}$（即公众满意度 B51、管理透明度 B52、政策制定与执行 B53 相对于行政效果指标 A5 的相对重要性）：

A5	公众满意度	管理透明度	政策制定与执行
公众满意度			
管理透明度	/		
政策制定与执行	/	/	

7. 判断矩阵 $B_{11}—C_{11n}$（即安全生产死亡人数控制率 C111、万人刑事案件发案率、破案率 C112、园区居民安全感 C113、万人到市级机关的集体上访批次 C114 相对于园区安全与稳定指标 B11 的相对重要性）：

B11	安全生产死亡人数控制率	万人刑事案件发案率、破案率	园区居民安全感	万人到市级机关的集体上访批次
安全生产死亡人数控制率				
万人刑事案件发案率、破案率	/			
园区居民安全感	/	/		
万人到市级机关的集体上访批次	/	/	/	

8.判断矩阵 $B_{12}—C_{12n}$(即教育经费占总收入的比重C121、人均中小学教育的公共支出C122、人均公共卫生财政经费支出C123、园区居民健康状况C124相对于教育与卫生指标B12的相对重要性)：

B12	教育经费占总收入的比重	人均中小学教育的公共支出	人均公共卫生财政经费支出	园区居民健康状况
教育经费占总收入的比重				
人均中小学教育的公共支出	/			
人均公共卫生财政经费支出	/	/		
园区居民健康状况	/	/	/	

9.判断矩阵 $B_{13}—C_{13n}$(即基本养老保险覆盖率C131、基本医疗保险覆盖率C132、园区居民失业保险覆盖率C133、园区居民最低生活保障覆盖率C134相对于社会保障指标B13的相对重要性)：

B13	基本养老保险覆盖率	基本医疗保险覆盖率	居民失业保险覆盖率	居民最低生活保障覆盖率
基本养老保险覆盖率				
基本医疗保险覆盖率	/			
居民失业保险覆盖率	/	/		
居民最低生活保障覆盖率	/	/	/	

10.判断矩阵 $B_{14}—C_{14n}$(即园区居民文化娱乐消费支出比重C141、高新区管委会体制机制创新C142、高新区管委会管理创新、服务科技创新

C143、创业创新氛围 C144 相对于社会保障指标 B13 的相对重要性)：

B14	园区居民文化娱乐消费支出比重	高新区管委会体制机制创新	高新区管委会管理创新、科技创新	创业创新氛围
园区居民文化娱乐消费支出比重				
高新区管委会体制机制创新	/			
高新区管委会管理创新、科技创新	/	/		
创业创新氛围	/	/	/	

11. 判断矩阵 $B_{21}—C_{21n}$(即总收入(千元)C211、人均总收入(千元/人)C212、工业总产值 C213、全员劳动生产率 C214、出口创汇总额(千美元)C215、人均出口创汇(千美元/人)C216 相对于经济规模与效率指标 B21 的相对重要性)：

B21	总收入	人均总收入	工业总产值	全员劳动生产率	出口创汇总额	人均出口创汇
总收入						
人均总收入	/					
工业总产值	/	/				
全员劳动生产率	/	/	/			
出口创汇总额	/	/	/	/		
人均出口创汇	/	/	/	/	/	

12. 判断矩阵 $B_{22}—C_{22n}$(即净利润 C221、人均净利润(千元/人)C222、实际上缴税收总额(千元)C223、人均税收总额(千元/人)C224 相对于税收与利润指标 B22 的相对重要性)：

B22	净利润	人均净利润	实际上缴税收总额	人均税收总额
净利润				
人均净利润	/			
实际上缴税收总额	/	/		
人均税收总额	/	/	/	

13. 判断矩阵 B_{23}—C_{23n}（即年末资产（千元）C231、人均年末资产（千元/人）C232、年末负债（千元）C233、人均年末负债（千元/人）C234 相对于资产与负债指标 B23 的相对重要性）：

B23	年末资产	人均年末资产	年末负债	人均年末负债
年末资产				
人均年末资产	/			
年末负债	/	/		
人均年末负债	/	/	/	

14. 判断矩阵 B_{24}—C_{24n}（即人均产品销售收入（千元/人）C241、人均技术收入（千元/人）C242、人均商品销售收入（千元/人）C243 相对于市场效率指标 B24 的相对重要性）：

B24	人均产品销售收入	人均技术收入	人均商品销售收入
人均产品销售收入			
人均技术收入	/		
人均商品销售收入	/	/	

15. 判断矩阵 B_{31}—C_{31n}（即年末从业人员 C311、千人拥有的大专（含）学历以上从业人数 C312、千人中高级职称人数 C313、千人拥有的高技术服务业从业人数 C314 相对于人力资源指标 B31 的相对重要性）：

B31	年末从业人员	千人拥有的大专（含）学历以上从业人数	千人中高级职称人数	千人拥有的高技术服务业从业人数
年末从业人员				
千人拥有的大专（含）学历以上从业人数	/			
千人中高级职称人数	/	/		
千人拥有的高技术服务业从业人数	/	/	/	

16. 判断矩阵 B_{32}—C_{32n}（即百人孵化器在孵企业数 C321、百人孵化器毕业企业数 C322、人均累计投入孵化基金 C323、人均年末固定资产净值 C324 相对于科技企业孵化器指标 B32 的相对重要性）：

B32	百人孵化器在孵企业数	百人孵化器毕业企业数	人均累计投入孵化基金	人均年末固定资产净值
百人孵化器在孵企业数				
百人孵化器毕业企业数	/			
人均累计投入孵化基金	/	/		
人均年末固定资产净值	/	/	/	

17. 判断矩阵 B_{33}—C_{33n}（即万元产值综合能耗 C331、单位增加值综合能耗 C332、工业废水排放总量占工业总产值比重 C333 相对于资源消耗指标 B33 的相对重要性）：

B33	万元产值综合能耗	单位增加值综合能耗	工业废水排放总量占工业总产值比重
万元产值综合能耗			
单位增加值综合能耗	/		
工业废水排放总量占工业总产值比重	/	/	

18. 判断矩阵 B_{34}—C_{34n}（即人均基础设施投入（千元/人）C341、人均公用设施投入（千元/人）C342、每千人宽带接入数量 C343 相对于基础设施指标 B34 的相对重要性）：

B34	人均基础设施投入	人均公用设施投入	每千人宽带接入数量
人均基础设施投入			
人均公用设施投入	/		
每千人宽带接入数量	/	/	

19. 判断矩阵 B_{35}—C_{35n}（即工业固体废弃物排放处理率 C351、土地资源利用率 C352、人均绿地面积 C353、人均年末固定资产净值 C354 相对于生态环境指标 B35 的相对重要性）：

B35	工业固体废弃物排放处理率	土地资源利用率	人均绿地面积	环境保护力度
工业固体废弃物排放处理率				
土地资源利用率	/			
人均绿地面积	/	/		
环境保护力度	/	/	/	

20. 判断矩阵 B_{41}—C_{41n}（即 R&D 费用（千元）C411、人均 R&D 费用（千元/人）C412、R&D 费用占工业总产值的比重 C413 相对于 R&D 活动指标 B41 的相对重要性）：

B41	R&D 费用	人均 R&D 费用	R&D 费用占工业总产值的比重
R&D 费用			
人均 R&D 费用	/		
R&D 费用占工业总产值的比重	/	/	

21. 判断矩阵 B_{42}—C_{42n}（即科技活动人员数 C421、千人科技活动人员数 C422、科技活动经费支出（千元）C423 相对于科技活动指标 B42 的相对重要性）：

B42	科技活动人员数	千人科技活动人员数	科技活动经费支出
科技活动人员数			
千人科技活动人员数	/		
科技活动经费支出	/	/	

22. 判断矩阵 B_{43}—C_{43n}（即高新技术企业占企业总量比例（%）C431、千人技术收入 C432、万人国家级火炬计划项目数 C433、万人“863”、“973”计划项目数 C434 相对于科技产出指标 B43 的相对重要性）：

B43	高新技术企业占企业总量比例	千人技术收入	万人国家级火炬计划项目数	万人 863、973 计划项目数
高新技术企业占企业总量比例				
千人技术收入	/			
万人国家级火炬计划项目数	/	/		
万人“863”、“973”计划项目数	/	/	/	

23. 判断矩阵 B_{44}—C_{44n}（即千人拥有发明专利累计授权数 C441、千人当年重要知识产权授权数 C442、千人拥有的商标数 C443 相对于知识创造指标 B44 的相对重要性）：

B44	千人拥有发明专利累计授权数	千人当年重要知识产权授权数	千人拥有的商标数
千人拥有发明专利累计授权数			
千人当年重要知识产权授权数	/		
千人拥有的商标数	/	/	

24. 判断矩阵 B_{45}—C_{45n}（即学习与调研能力 C451、公共服务能力 C452、沟通协调能力 C453、勤政廉洁能力 C454 相对于管理能力指标 B45 的相对重要性）：

B45	学习与调研能力	公共服务能力	沟通协调能力	勤政廉洁能力
学习与调研能力				
公共服务能力	/			
沟通协调能力	/	/		
勤政廉洁能力	/	/	/	

25. 判断矩阵 B_{51}—C_{51n}（即企业对高新区管委会工作的满意度 C511、园区居民对高新区管委会工作的满意度 C512、社会团体对高新区管委会工作的满意度 C513 相对于公众满意度指标 B51 的相对重要性）：

B51	企业对高新区管委会工作的满意度	园区居民对高新区管委会工作的满意度	社会团体对高新区管委会工作的满意度
企业对高新区管委会工作的满意度			
园区居民对高新区管委会工作的满意度	/		
社会团体对高新区管委会工作的满意度	/	/	

26. 判断矩阵 B_{52}—C_{52n}（即政务公开性/透明度 C521、信息公开、传播渠道的数量与质量 C522、推进电子政务建设程度 C523 相对于管理透明度

指标 B52 的相对重要性）：

B52	政务公开性/透明度	信息公开、传播渠道的数量与质量	推进电子政务建设程度
政务公开性/透明度			
信息公开、传播渠道的数量与质量	/		
推进电子政务建设程度	/	/	

27. 判断矩阵 B_{53}—C_{53n}（即园区环境保护措施的制定与落实 C531、园区知识产权保护制度落实 C532、园区企业优惠政策落实 C533、决策的科学化与民主化程度 C534 相对于政策制定与执行指标 B53 的相对重要性）：

B53	园区环境保护措施的制定与落实	园区知识产权保护制度落实	园区企业优惠政策落实	决策的科学化与民主化程度
园区环境保护措施的制定与落实				
园区知识产权保护制度	/			
园区企业优惠政策落实	/	/		
决策的科学化与民主化程度	/	/	/	

“基于绩效评价的我国高新技术产业开发区公共治理绩效评价研究”课题组

2010 年 1 月

附件 2

2009 年高新区主要定量指标(1)一览表

单位:千元、千美元

高新区	从业人员	工业总产值	营业总收入	工业增加值	出口创汇	净利润	上交税额	产品销售	技术收入	商品销售	年末资产	年末负债
北京	1096562	419302193	1299508956	75060000	20823347	95669412	66155279	591404727	209368948	368938497	1886857837	982870559
天津	247612	156846197	232193394	40720491	3506757	18212334	11371586	184972493	26012692	14701227	310088656	161414786
石家庄	80673	73388628	93530473	19596748	512805	3962058	5358222	67947662	6127532	16623585	89433380	49089231
保定	59171	55094802	52356910	12298306	1644505	3399210	2446087	50345972	23581	26066	72328631	41878710
太原	101299	97734129	107809051	24178524	200127	3940341	6489271	94553259	6379208	5310715	111395730	74180919
包头	109273	92769855	90807152	27723073	558504	2820230	3807332	87247013	1487688	30740	100651923	61513410
沈阳	124903	122601733	150154061	28044078	1552292	6502787	6869816	121290126	22299798	4916720	157077553	84523532
大连	183216	102043826	135290285	31806548	3924095	9230461	6055715	104076857	16443392	5065191	175401303	103518112
鞍山	81921	71866885	80853186	22697870	290039	4690709	3938578	75725046	3464218	198560	45168595	30340220
长春	107091	189986211	194700728	46895174	543393	17443754	16868816	188379173	1159561	1053726	120176020	60536993
吉林	105064	89078567	93078465	24823327	398459	3340644	4556225	91334701	1742764	—	75487064	28102992
哈尔滨	116911	91590868	100874766	18546894	361588	4412580	4884544	91539975	461143	4990607	159374941	105942826
大庆	86428	72549308	76078847	20602993	106691	3771410	4671868	70706893	3132161	113934	50925281	30010554
上海	308800	337387821	486699509	63776053	21466093	29949842	25254020	415488234	21421464	28041001	501868118	220054978
南京	148953	225623404	239042633	45061929	5925779	11282447	11699084	219815502	3641972	9152799	170423617	92712061
常州	145115	120934631	120768025	29706211	3415838	6262699	4322779	118495368	212461	194871	99891089	58384074
无锡	263042	250637159	250882234	57869782	15483304	12889075	6220209	247834422	654444	389693	209109127	104424969
苏州	249784	185934057	200223499	46907142	17177316	9358498	8028196	180216058	8238817	951479	160784572	80668350
泰州	29951	36806166	35515763	10675719	567988	1945012	2386060	34759284	66571	514340	22336747	8146497

续表

高新区	从业人员	工业总产值	营业总收入	工业增加值	出口创汇	净利润	上交税额	产品销售	技术收入	商品销售	年末资产	年末负债
杭州	201125	96483246	157640206	24275771	3789734	10151182	9266408	93334121	41158968	9467413	210066812	119564378
宁波	82518	69135832	93734214	16725234	4589455	4764290	3417511	65114318	6793319	15996168	69499042	34028551
合肥	113430	107155340	107362857	37408872	1001006	7413125	15600941	94765913	8170535	1275058	120165768	64806160
福州	60993	41876785	41167577	10805159	1762754	1787308	1174453	40026812	780429	76657	35551427	18252641
厦门	87558	92737818	96734532	19384555	8021180	4495369	5727159	95240103	287317	346556	61536236	43156640
南昌	80645	62685398	66886051	20153750	646773	2573526	6887280	63392572	1247047	329295	68150851	42702074
济南	120596	89225279	120379056	27821710	1535475	9412802	9095138	91044710	25737364	2969086	134284705	75144420
青岛	64755	83148855	102108053	17553366	1679139	4478030	4156053	87876064	919508	830777	65134531	35175305
淄博	115072	117394018	123662187	29206551	1302209	3442892	9144526	116084121	7375393	202668	117883824	47910977
潍坊	99344	92453578	103070611	26853582	1477365	6355844	4138115	90638188	830469	173491	121408992	64778735
威海	75656	77078838	78554853	22652730	3272518	4261923	3875726	77366751	105152	48174	50536886	23255002
郑州	96642	85806791	98055478	26373269	260930	6681972	5863666	85958618	6806532	1600392	96105504	35814052
洛阳	80264	65475597	75291410	21006977	787459	4369620	3971536	67165611	5747324	553979	91492653	53342328
武汉	295821	197549785	226140990	66728910	2517573	13241069	12143359	191207171	19695706	4031521	280023842	165757127
襄樊	70211	65544031	67508613	18505499	298920	2878953	3206092	60020142	6526040	7004	51739085	29745435
长沙	164552	136229937	150064769	35478859	870472	9738765	6737182	141334563	692984	2114777	163560088	97614745
株洲	75723	61001656	61563292	18670989	543251	2397540	2344374	55965318	156701	5023446	57989709	36689698
湘潭	73771	51315062	50986682	11381962	2210342	1460136	1929684	49824718	34887	148038	58893866	39238994
广州	291734	188225335	266562691	45745770	13777823	12038651	8494361	185034106	41728042	20090116	267748469	149957295
深圳	272972	255070583	266866813	59937367	12358109	14758570	13838575	262367350	1039175	198855	231516586	134428686

续表

高新区	从业人员	工业总产值	营业总收入	工业增加值	出口创汇	净利润	上交税额	产品销售	技术收入	商品销售	年末资产	年末负债
珠海	193017	114581255	117347332	21988486	7502590	5177138	3728904	111516173	1087214	2295198	134175683	97565817
惠州	94936	64619989	63096387	13604562	5154106	2006333	1389013	62948103	1470	15362	37113950	24709686
中山	135021	90041223	86214761	21148492	5302283	3150811	2192153	81973991	34769	3891702	49332271	26810700
佛山	177835	154374092	150500052	36885815	6395269	4926650	3646514	147577369	801653	283830	84777332	52165664
南宁	108400	45410691	58026729	15285929	235847	3650158	3014837	41460506	6331118	5067225	54055872	34115644
桂林	74338	37505222	32200496	11005038	542720	2069142	2168697	31578425	131727	80480	36304193	18906946
海南	24041	16889825	17125942	2892607	457979	748164	1093402	16348926	756	522938	18914433	8299329
成都	227008	209036669	227089515	60571728	7094083	14711829	10817400	195305287	16220197	8363514	320049545	124803050
重庆	189687	61204097	86295939	18433648	646938	3685205	4838765	63559809	19949320	205327	132696942	73433339
绵阳	101826	59724013	47551294	14219618	745628	1399455	1716842	47068506	14960	157538	53951824	34626503
贵阳	96536	30156147	33908170	7834319	474518	804177	1643158	31738443	734420	676004	48268192	26186339
昆明	61817	55457087	75050376	12897324	1260165	3355907	3761565	60910445	691833	9419098	93743175	59639023
西安	275141	201621144	313663497	64210083	2536676	14719380	16972478	200139212	36407034	54653056	391857889	219203957
宝鸡	100703	74221451	75121513	21008643	452305	4170056	4914011	72150596	213366	512954	76399257	41040884
杨凌	13753	4634312	7353576	1349976	95887	−59862	170767	3698071	4508	275016	12905212	8203567
兰州	75805	51625138	65069381	10655161	82605	2430457	4227641	49461458	647201	1741141	149869552	43600710
乌鲁木齐	34198	16266715	20370305	3013202	580807	3805789	765950	13632616	600979	5193780	28574864	15439135

附件 3

2009 年高新区主要定量指标(2)一览表

高新区	千人大专学历数	千人中高级职称数	千人高技术服务业	R&D 费用	科技活动人员数	科技活动经费	千人发明专利	千人知识产权	千人商标数	高技术企占比重	千人技术收入	万人国家级火炬数	万人“863”“973”数
北京	736001	170786	0.4669	23542336	321717	56995445	10.5885	19.5174	9.1477	0.2534222	190932.1571	4.167571	1.285837007
天津	104668	22243	0.1035	3294805	31512	6705836	16.5622	7.1321	4.1678	0.1277438	105054.2462	4.7251345	1.09041565
石家庄	42653	20064	0.1454	2833205	16253	3473281	3.6443	1.6238	3.0989	0.146	75955.17088	1.8593581	0.74374326
保定	24895	3722	0.0089	1121772	12067	2162656	6.2531	1.4027	19.6549	0.2327044	398.5229251	1.5210154	0.676006828
太原	47034	19191	0.0849	1556382	17863	5008659	3.2478	2.7937	1.1451	0.0897868	62974.04713	4.6397299	0.394870631
包头	44254	13079	0.0362	726510	13556	1668985	2.7180	0.5125	1.3086	0.0767888	13614.41619	2.0133061	0.274541744
沈阳	72128	19803	0.0808	1846830	20976	4311334	1.9215	0.6965	4.4354	0.098401	178536.9287	0.640497	0.320248513
大连	105164	34011	0.2807	2295275	41290	7336190	15.1024	5.2888	1.6865	0.0694365	89748.66824	3.4931447	0.927866562
鞍山	25627	14585	0.0346	391441	9836	2063934	3.3691	1.5381	1.4160	0.0672897	42287.29874	3.7841335	0.976550579
长春	48012	12715	0.0822	768711	12221	4168754	2.8014	2.4932	1.8302	0.0847458	10827.80999	3.2682485	1.027163814
吉林	37767	15753	0.0472	2403733	12043	2816343	5.1683	1.1422	0.3236	0.0350404	16587.64182	3.4264829	0.380720323
哈尔滨	48082	18467	0.0425	1718343	11837	2987804	0.8810	0.3592	10.7603	0.2672234	3944.393599	1.6251679	0.598746055
大庆	27701	13953	0.0749	1028308	9458	1751918	1.9207	0.6942	0.7636	0.16	36240.11894	3.0082844	0.231406489
上海	178797	35673	0.2674	9566593	93840	23857007	11.0816	13.2319	9.7118	0.4055595	69370.02591	5.1165803	1.06865285
南京	67612	16494	0.0790	3977648	39396	7473407	8.1167	8.4255	9.2781	0.7114625	24450.47545	2.0811934	0.402811625
常州	40582	8148	0.0073	2018163	20949	3433549	1.4471	2.3223	2.8943	0.1343284	1464.087103	1.1025738	0.413465183
无锡	97683	19541	0.0190	3775493	41356	5691917	1.2964	1.5321	2.0073	0.1376744	2487.982908	1.5967032	0.190083713
苏州	62884	10735	0.0180	3115355	28507	3616987	1.3051	1.9137	1.2891	0.111546	32983.76597	2.0417641	0.320276719
泰州	9760	2106	0.0055	569588	2567	1059356	17.5954	5.6425	8.9479	0.0223214	2222.663684	1.6693933	0.596643878

续表

高新区	千人大专学历数	千人中高级职称数	千人高技术服务业	R&D 费用	科技活动人员数	科技活动经费	千人发明专利	千人知识产权	千人商标数	高技术企占比重	千人技术收入	万人国家级火炬数	万人“863”“973”数
宁波	29603	6895	0.1006	1258134	9418	2458334	3.5507	3.5386	7.3196	0.2704403	82325.29872	2.3025279	0.881600987
合肥	55687	15621	0.1440	2828295	23382	4655869	5.8891	6.3299	5.8891	0.4020101	72031.52085	4.7606453	0.228420019
福州	23242	5053	0.1489	528021	10210	1053894	1.5412	15.6575	2.2790	0.4325843	12795.38636	3.1151116	0.868001736
厦门	22717	3830	0.0672	1009750	10263	2009649	2.3756	7.4693	3.6433	0.4862069	3281.447726	3.8831403	0.49752894
南昌	43454	10211	0.0813	1418100	18858	2196500	4.4268	4.2780	14.6568	0.1824561	15463.41484	5.4560109	1.389854065
济南	69475	20850	0.3539	1719699	18359	2767494	12.8445	7.1561	12.1646	0.2356322	213418.057	2.3218017	0.173804227
青岛	32032	11353	0.0262	1268185	13014	6321796	8.4472	8.8333	61.2462	0.3478261	14199.79924	1.5442823	0.201320664
淄博	55605	14020	0.0344	3087604	18734	3896566	7.9863	1.6685	7.9342	0.157277	64093.72393	0.6083148	0.793063339
潍坊	65840	26623	0.0569	1542047	16833	3218691	13.8307	3.6942	8.4253	0.1257669	8359.528507	0.5033017	1.655594876
威海	28153	8773	0.0023	1734942	10053	2540873	3.9124	1.1632	5.4060	0.2417062	1389.869938	2.1148356	0.747533141
郑州	72097	15901	0.0685	3501529	40700	4544518	8.4539	4.5632	17.7976	0.1723577	70430.37541	2.7938164	1.25075637
洛阳	44698	16190	0.0806	1691597	16678	2933500	6.1671	2.8282	4.8839	0.123913	71605.25267	3.6130768	0.427283474
武汉	160203	58378	0.1391	5042659	70410	9422958	6.0408	4.6886	3.7354	0.1267092	66579.80945	4.631179	0.546939569
襄樊	23291	11209	0.0071	1475960	12707	1949391	1.9797	0.6694	1.7091	0.16	92948.96811	2.421273	1.452662995
长沙	74540	20561	0.0477	2357264	32766	3697764	13.6978	7.9975	8.1798	0.2666667	4211.340002	3.3424085	0.677773109
株洲	32919	9702	0.0024	1281439	13140	2622634	6.1804	2.1922	7.5406	0.3415842	2069.397673	1.5847233	0.891222826
湘潭	31765	6436	0.0010	1544296	13124	2875620	5.8424	2.1418	3.4973	0.2543103	472.9094088	3.1177563	0.586140703
广州	139205	29235	0.4024	6053142	58652	9821613	3.1159	10.7255	4.2607	0.3112507	143034.5509	3.9076693	0.25904454

续表

高新区	千人大专学历数	千人中高级职称数	千人高技术服务业	R&D费用	科技活动人员数	科技活动经费	千人发明专利	千人知识产权	千人商标数	高技术企占比重	千人技术收入	万人国家级火炬数	万人“863”“973”数
深圳	169366	76844	0.1343	3727519	73124	14539239	10.0523	11.8840	8.2353	0.5062657	3806.89122	0.9524786	0.231690647
珠海	37803	6578	0.0332	1640573	13803	2680663	2.5231	3.8857	13.9470	0.1362764	5632.738412	1.0361782	0.224927601
惠州	16979	2964	0.0000	435973	9055	1266025	2.6228	0.9375	2.1067	0.1835443	15.48411561	0.6320047	0.092250923
中山	17822	2230	0.0000	831401	11195	3916366	5.6301	4.1936	2.5023	0.1182033	402.7826047	0.5792266	0.403562108
佛山	40890	5765	0.0100	1364759	24270	3479878	3.1096	2.0468	6.9559	0.227991	4507.847162	0.2249276	1.247868225
南宁	35964	11595	0.1760	688414	7743	1169088	2.5000	2.1310	3.6716	0.0597668	58405.1476	0.1845018	1.057231463
桂林	22750	6179	0.0040	551754	7702	927594	2.8518	1.0493	9.3492	0.1624549	1772.000861	2.0178105	0.158155277
海南	6557	1106	0.0000	227049	1538	353068	2.2878	0.1664	15.6399	0.1311475	31.44627927	0.8319122	0.19641349
成都	134946	36218	0.2233	7605595	61048	14928785	8.4799	7.4799	11.6560	0.3755365	71452.0939	9.4710319	0.323535597
重庆	57711	16227	0.1176	624040	18801	1937743	3.5110	1.4708	9.3153	0.1115385	105169.6761	0.8962132	1.12669504
绵阳	29786	4528	0.0005	962115	11138	1820730	4.9889	0.5303	6.0986	0.254386	146.9172903	1.2766877	0.099301908
贵阳	20010	7511	0.0238	452144	9592	971279	2.3929	1.8957	3.2527	0.2561983	7607.731831	1.035883	1.454228168
昆明	28624	8231	0.1572	650060	7881	1922700	7.0369	3.8824	15.7562	0.3708333	11191.62528	5.1765696	0.395752259
西安	188591	74367	0.2125	3370202	64212	7567673	9.4751	5.9569	10.1584	0.1498127	132321.3692	6.5057552	0.877244283
宝鸡	33208	12965	0.0034	935872	16448	2292665	1.5690	0.5263	2.7606	0.2069892	2118.765081	1.5888305	0
杨凌	4587	1583	0.0945	42915	1515	92818	1.6724	0.2181	3.7083	0.0714286	327.7830292	3.6355704	0
兰州	24958	10420	0.0513	178181	5464	546990	1.8996	0.8311	1.9524	0.195122	8537.708594	1.9787613	0
乌鲁木齐	11860	2853	0.0564	182680	3281	337139	1.2281	1.8422	2.9241	0.2047619	17573.51307	11.989005	0

主要参考文献

中文文献

[1] 闫国庆.我国开发区治理模式探索.管理世界,2006(1).
[2] 许婕.我国开发区绩效评估的困境及其对策分析.求实,2006(2).
[3] 詹姆斯·N.罗西瑙.没有政府的治理.南昌:江西人民出版社,2001.
[4] 鲍勃·杰索普.治理的兴起及其失败的风险:以经济发展为例的论述.治理与善治.北京:社会科学文献出版社,2000.
[5] 罗伯特·罗茨.新的治理.治理与善治.北京:社会科学文献出版社,2000.
[6] 欧文·休斯.公共管理导论.北京:中国人民大学出版社,2001.
[7] 李兆熙.公共行政管理和公共企业管理——对市场经济中各国政企关系的研究.管理世界,1998(3).
[8] 马骏,郭巍青.公共管理研究:新的研究方向.武汉大学学报,2001(1).
[9] 俞可平.全球化:全球治理.北京:社会科学文献出版社,2003.
[10] 钱海梅.公共治理的发展瓶颈及对策.探索与争鸣,2006(4).
[11] 汪向阳,胡春阳.治理:当代公共管理理论的新热点.复旦学报(社会科学版),2000(4).
[12] 王缉慈.地方产业群战略.中国工业经济,2002(3).
[13] 李瑞昌.论公共治理的技术与价值.社会科学,2003(3).

[14] 唐贤兴,王竞晗.转型期公共政策的价值定位:政府公共管理中功能转换的方向与悖论.管理世界,2004(10).
[15] 王春福.论公共管理责任的二元结构.管理世界,2005(6).
[16] 王乐夫.试论公共管理的内涵演变与公共管理学的纵向学科体系.管理世界,2005(6).
[17] 陈潭,刘祖华.精英博弈,亚瘫痪状态与村庄公共治理.管理世界,2004(10).
[18] 黄爱军.新公共管理与我国的乡村治理.中国农村经济, 2005(2).
[19] 任志宏,赵细康.公共治理新模式与环境治理方式的创新.学术研究,2006(9).
[20] 黄如金.论和合公共管理——创新和合公共管理的基本分析.中国工业经济,2006(10).
[21] 郑宁.经济技术开发区研究.北京:中国财政经济出版社,1991.
[22] 李志远.高新技术产业开发区管理模式探析.王瑞明,房健.迈入辉煌——高新技术产业开发区发展战略研究.郑州:河南人民出版社,1998.
[23] 吴林海.中国高新区导论.南京:河海大学出版社,1998.
[24] 任敬喜.中国开发区导论.济南:山东大学出版社,2000.
[25] 钟坚.世界硅谷模式的制度分析.北京:中国社会科学出版社,2001.
[26] 钟坚.世界经济特区发展模式研究.北京:中国经济出版社,2006.
[27] 鲍克.中国开发区研究——入世后开发区微观体制设计.北京:人民出版社,2002.
[28] 赵玉蓉.经济开发区政府治理模式初探.上海师范大学硕士学位论文,2004.
[29] 孙琪,任建雄,闫国庆.开发区亟须创新治理模式.浙江经济,2006(2).
[30] 杨燕青.中国区域经济发展的讨论综述.经济研究资料,1998(2).
[31] 阎林,郑玉歆.加强国家对开发区的管理与协调.数量经济技术经济研究,1998(4).
[32] 张召堂.中国开发区可持续发展战略.北京:中共中央党校出版社,2003.
[33] 皮黔生,王恺.走出孤岛——中国经济技术开发区概论.北京:生活·

读书·新知三联书店,2004.

[34] [美]菲利克斯·A.尼格罗.公共行政学简明教程.北京:中共中央党校出版社,1997.

[35] 帕特里夏·英格拉姆.公共管理体制改革的模式.北京:国家行政学院出版社,1998.

[36] 崔述强.中国地方政府绩效评估指标体系探讨.统计研究,2006(3).

[37] 袁政.政府绩效评估权重设计中AHP法之改进.统计研究,2008(7).

[38] 王良健,侯文力.地方政府绩效评估指标体系及评估方法研究.软科学,2005(4).

[39] 齐艺莹,张少杰,宋海巍.沿海与内地高新技术产业开发区经济效益比较研究.数量经济与技术经济研究,1999(2).

[40] 刘希宋,甘志霞,刘洙茹.高新区竞争力评价模型.哈尔滨工程大学学报,2003(1).

[41] 顾朝林,石楠,张伟.中国高新技术区综合发展评价.城市规划,1998(4).

[42] 刘军,姚佐文.我国中部地区国家级高新技术产业开发区创新绩效评价.技术经济,2009(3).

[43] 姜彩楼,徐康宁.区位条件,中央政策与高新区绩效的经验研究.世界经济,2009(5).

[44] 范柏乃,房定坚.国家高新区投资软环境评价指标的理论遴选与实证筛选.自然辩证法通讯,2004(5).

[45] 阿里·哈拉契米.政府业绩质量测评——问题与经验.广州:中山大学出版社,2003.

[46] 财政部财政科学研究所"绩效预算"课题组.美国政府绩效评价体系.北京:经济管理出版社,2004.

[47] 彭国甫.地方政府公共事业的管理绩效评价与治理对策研究.湖南大学博士学位论文,2004.

[48] 杜栋,庞庆华.现代综合评价方法与案例精选.北京:清华大学出版社,2005.

[49] 科技部火炬高技术产业开发中心.2010火炬统计分析报告集.科技部火炬中心,2010.

[50] 科技部火炬高技术产业开发中心.国家高新技术产业开发区综合发展与数据分析报告(2009).科技部火炬中心,2010.

[51] 科技部火炬高技术产业开发中心.火炬统计调查制度.科技部火炬中心,2011.

[52] 卓越.政府绩效评估指标设计的类型和方法.中国行政管理,2007(2).

[53] 秦国民.西方国家政府绩效评估的新趋势.中国行政管理,2008(5).

[54] 邱法宗,张霁星.关于地方政府绩效评估主体系统构建的几个问题.中国行政管理,2007(3).

[55] 吴建南,阎波.地方政府绩效评估体系的路径选择——福建的分析.中国行政管理,2008(2).

[56] 卓越.政府绩效评估指标体系设计的开发思路.中国行政管理,2008(3).

[57] 李梦玲,赵希男.高新技术产业开发区系统评价与分析.科研管理,1995(1).

[58] 张向先,白凯,葛宝山.高技术产业开发区评价方法研究.科学学研究,1997 (3).

[59] 张伟,顾朝林,陈田,邱友良.中国高新技术区的综合评价.地理研究,1998(3).

[60] 齐艺宝,张少杰.东北三省高新技术产业开发区经济效益比较研究.东北亚论坛,1999(3).

[61] 齐艺莹,张少杰,宋海巍.沿海与内陆高新技术产业开发区经济效益比较研究.数量经济技术经济研究,1999(2).

[62] 黄宁燕,梁战平.我国高新技术产业开发区的发展状况及趋势——聚类分析评价研究.科学学研究,1999(6).

[63] 李金华.高新技术开发区发展评价系统研究.统计与预测,2000(6).

[64] 宋化民,胡实秋,李杨.关于高新技术开发区的评价指标与方法研究.科技管理研究,2000(6).

[65] 郑海龙,吴启芳,巢剑雄.国家高新技术产业开发区发展实证研究.数量经济技术经济研究,2001(2).

[66] 何伟军,朱春奎等.高新技术产业开发区经济实力的综合评价.科技进步与对策,2002(8).

[67] 张仁寿,邵国良.工业园区绩效评价指标体系及其评价方法的实证研究.广州大学学报(社会科学版),2004(3).

[68] 葛澄清,熊伟.我国高新技术开发区经济效益动态综合评价.科技进步与对策,2005(4).

[69] 李俊莉,殷亮.国家级高新技术产业开发区发展水平评价.国土与自然资源研究,2005(1).

[70] 石晓梅,胡珑瑛.高新区创新体系的绩效评价指标体系研究.技术经济与管理研究,2003(4).

[71] 孙万松.高新区自主创新与核心竞争力.北京:中国经济出版社,2006.

[72] 张倩肖,何静,李村璞.我国高新技术开发区的效率研究.经济纵横,2005(7).

[73] Savas, E. S. 民营化与公私部门的伙伴关系.北京:中国人民大学出版社,2002.

英文文献

[1] Jordan. A, Wurzel. R, A. Zito, "New" Instruments of Environmental Governance: Patterns and Pathways of Change. *Environmental Politics*, 2003(12).

[2] OECD, Evaluating Economic Instruments. Paris: OECD, 1998.

[3] CEC (Commission of the European Communities), Communication from the Commission on Environmental Agreements. Brussel,1996.

[4] Brkey, P. and F. Lévèque, Voluntary Approaches for Environmental Protection in the EU. Paris: OECD, 1998.

[5] Eberlein, B. and D. Kerwer, New Governance in the EU: A Theoretical Perspective. *Journal of Common Market Studies*, 2004, 42(1).

[6] Hèritier, A., New Modes of Governance in Europe: Policy-Making Without Legislation, in A. Hèritier (ed.). *Common Goods. Reinventing European and International Governance*. Lanham: Rowman & Little field Publishers, 2002.

[7] Thompson, G. F. *Between Hierarchies and Markets: The Logicand*

Limits of Network Forms of Organization. Oxford University Press, 2003.

[8] Cave, Martin, Maurice Kogan & Robert Smith (eds.). *Output and Performance Measurement in Government: The State of the Art*. London: Jessica Kingsley Publishers Ltd, 1990.

[9] Ridley, C. E., & Simon, H. A. Measuring Municipal Activities. Chicago: International City Managers' Association, 1943.

[10] Pall B. K. Relief Assistance to 1998 Flood Victim: a Comparison of the Performance of the Government and NGOs. *The Geographical Journal*, 2003.

[11] Ken S. Cavalluzzo. Competition, Fee-for-service Requirements, and Government Performance: Evidence on the Federal Reserve. *Journal of Accounting and Public Policy*, 2003.

[12] Denhardt, R. B. Theory of Public Organization. Brooks/cole, 1993.

[13] Nyhan, Ronald & Hebert, Performance Measurement in the Public Sector: Challenges and Opportunity. *Public Productivity &Management Review*, 1995(18).

[14] D. Osborne & R. Gaebler. *Reinventing Government*. MA: Addison-Wesley, 1992.

[15] Ewan Ferlie et al. *The New Public Management in Action*. Oxford: Oxford University Press, 1996.

[16] B. Guy Peters. *The Future of Governing: Four Emerging Models*. Kansas: University Press of Kansas, 1996.

[17] Michael Barzelay. *Breaking Through Bureaucracy: A New Visioon for Management in Government*. Berkeley: University of California Press, 1992.

[18] C. Heckscher. *The Post-Bureaucratic Organisation: New Perspectives on Organizational Change*. New Delphi: Sage, 1994.

[19] Christopher Hood. Comparative Public Administration. Vol. 1, Dar .Emonth Publishing Grop, 1998.

[20] Lynn, Laurence E., Jr., Carolyn J. Heinrich, & Carolyn J. Hill.

Improving Governance: A New Logic for Empirical Research. Washington: Georgetown University Press, 2001.

[21] Ingraham and Lynn. Governance and Public Management: A Symposium. *The Journal of Policy Analysis and Management*, 2004,23(1).

[22] Savas, E. S., *Privatization: The Key to Better Government*. New Jersey: Chatham House Publishers Inc,1997.

图书在版编目(CIP)数据

中国高新区公共治理绩效评价 / 闫国庆等著. —杭州：浙江大学出版社,2011.12
ISBN 978-7-308-09458-0

Ⅰ.①中… Ⅱ.①闫… Ⅲ.①高技术产业区－公共管理－评价－中国 Ⅳ.①D63

中国版本图书馆 CIP 数据核字(2011)第 265278 号

中国高新区公共治理绩效评价

闫国庆　孙　琪　周志丹　等著

责任编辑　吴伟伟 weiweiwu@zju.edu.cn
封面设计　十木米
出版发行　浙江大学出版社
(杭州市天目山路 148 号　邮政编码 310007)
(网址：http://www.zjupress.com)
排　　版　浙江时代出版服务有限公司
印　　刷　临安市曙光印务有限公司
开　　本　710mm×1000mm　1/16
印　　张　12.75
字　　数　202 千
版 印 次　2011 年 12 月第 1 版　2011 年 12 月第 1 次印刷
书　　号　ISBN 978-7-308-09458-0
定　　价　35.00 元

浙江大学出版社发行部邮购电话　(0571)88925591